천지개벽
초관리 공부법

천지개벽
초관리공부법

초판 1쇄 2010년 6월 30일

지은이 정영출
펴낸이 김석규 **담당PD** 이경주 **펴낸곳** 매경출판㈜
등 록 2003년 4월 24일(No. 2-3759)
주 소 우)100-728 서울 중구 필동1가 30번지 매경미디어센터 9층
전 화 02)2000-2610(출판팀) 02)2000-2636(영업팀)
팩 스 02)2000-2609 **이메일** publish@mk.co.kr
인쇄 · 제본 ㈜M-print 031)8071-0961

ISBN 978-89-7442-667-5(53370)
값 12,000원

천지개벽
초관리 공부법

정영출 지음

매일경제신문사

contents

p·a·r·t **2** Real Study 이야기

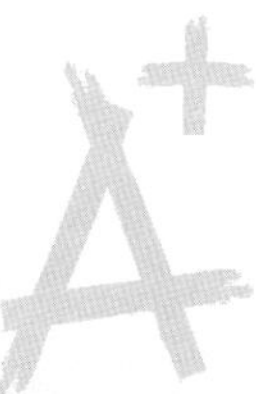

p·a·r·t **3** Real Study를 하자

지금까지 16년간 교육 현장에서 학생들과 마주대하며 울고 웃으며 수많은 놀라운 변화와 감동적 결과를 이끌었습니다. 긴 시간동안 머릿속에 항상 자리 잡고 있는 것이 한 가지 있습니다. 한 사람 한 사람 모두 예쁘고 소중한 아이들이 자라 세상을 살면서 공부 뿐 아니라 스스로 혼자 헤쳐 나갈 자신감을 키워주는 일입니다.

소중한 생명이 태어나 어린 시절 부모님의 무한한 사랑과 관심 속에서 자라지만 경쟁 사회 속에서 작고 큰 경쟁을 겪으며 수 없이 자신의 한계와 어려움에 부딪히게 됩니다. 학교는 그야말로 공평한 경쟁사회일 뿐 사회는 더욱 무한한 능력을 요구합니다. 자신의 자리에서 돋보이는 성장을 원한다면 '혼자 스스로 헤쳐 나가야' 한다는 생각을 항상 해야 합니다.

공부를 가르치는 선생이기 전에 세상의 선배로서 더욱이 무한경쟁의 사회 속을 헤쳐 나가야할 학생들에게 정말 믿을 수 있고 의지할 수 있는 단 한 사람은 자신뿐이라는 것을, 그래서 그 자신을 가다듬는 과정이 무엇보다 중요하다는 것을 스스로 깨우치길 누구보다 간절하게 원하는 사람입니다.

이 과정에서 조금이라도 아이들에게 도움을 주고자 지난 수년 동안 공부법에 관한 책을 읽고 연구하였습니다. 그러나 공부의 이유는 간과한 채 단순히 성적을 올리는 방법, 단기적인 점수 향상만을 위한 책들만이 많아 직접 집필하게 되었습니다. 지난 16년간 저의 교육에 관한 생각과 공부에 대한 방법론이 바로 이 책에 있습니다.

제일 먼저 '공부에 대한 정확하고 분명한 개념' 을 이야기하고 싶었습니다. 많은 학생들이 "왜 공부해요?" 라고 반문합니다. '좋은 대학 가려고' '잘 살기 위해서' 라는 진부하고 가치 없는 대답이 이제는 우리 주변에서 사라졌으면 좋겠습니다.

그리고 실천하는 방향을 뚜렷하게 제시해야겠다고 마음먹었습니다. 지금까지의 공부 방법에 관한 책들이 읽을 때는 가치가 있지만 막상 실천하고자 하면 주저하게 되는 것이 사실이었습니다. 하지만 본서에서는 무엇보다 학생 스스로가 실천하고 확인하고 사고하는 일련의 과정으로 이루어지도록 하였습니다.

이 책을 세상에 내놓기 전 원고에 대한 객관적이고 중립적인 평가를 위해서 저의 은사님께 논평을 부탁드렸습니다. 일주일 후에 선생님께서 떨리는 목소리로 저에게 이런 말씀을 해주었습니다.

"무릇 좋은 책이란 눈으로 읽고 머리에 자리 잡고 나서 가슴을 뛰게 한다. 그런데 《천지개벽 초관리공부법》은 눈으로 읽고 가슴을 뛰게 하니 분명 세상에 소금이 될 수 있는 책이다."

이 책이 세상의 소금이 될 수 있도록 아낌없는 조언과 애정을 쏟아준 매경출판사 및 유철진님에게 감사의 마음을 전합니다. 그리고 항상 삶의 원동력이 되어준 가족들에게 사랑의 말을 전하고 싶습니다.

한국스터디트레이닝 연구소   정영출

Real Study 들어가기

"자기주도 학습의 결정판 ⇒ Real Study **"**

"사교육비 절반 줄이기 프로젝트 ⇒ Real Study **"**

공부방법 ➡ 책상에서 바로 적용하는 학습

　　　　➡ 공부에 대한 다른 누군가의 이야기가 아니라

　　　　　실질적이고 효과적인 나의 Real Study

우리나라 최초, 세계 최초　　자율인지통제 시스템을 통한
　　　　　　　　　　　　　　초단위 자기 관리 학습법

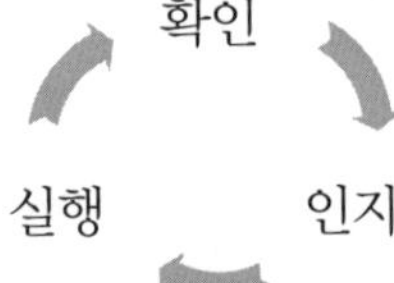

'공부 못하는 체질'에서 '공부 잘하는 체질'로의

체질 변화 프로그램!

"시간을 지배하는 사람이 내 인생을 지배한다!'

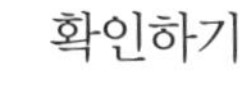

확인하기

자율통제능력 기르기　　　　보고 깨닫기

호기심
자극하기

학생마다 성적 부진의 원인과 정도가 모두 다릅니다.

잘못된 공부 방법은 공부 못하는 습관을
더욱 강하게 만들 뿐입니다.

한국스터디트레이닝의 Real Study가
해결과 변화를 만들어낼 것입니다.

꿈통장	Real Study 시간을 꾸준히 입금해 주세요.	Dreams come true doing check thinking　100일 프로그램

> ▌책이 없어서 공부를 못하는 걸까요?
> ▌학원, 과외 수업을 못 받아서 공부를 못하는 걸까요?
> ▌공부할 장소가 없어서 공부를 못하는 걸까요?

한국스터디트레이닝의 Real Study에서
천지개벽 프로그램과 함께 해결해 드리겠습니다.

한국스터디트레이닝연구소의 Real Study 프로그램에서 가장 강력하고 과학적인 것은 꿈통장 Real Study 뱅크입니다.

지난 16년간 교육 현장에서 함께 숨 쉬고 부딪히며 일구어낸 3,653명 선배들의 놀라운 변화가 이 프로그램에 고스란히 담겨 있습니다. 그리고 꿈통장 Real Study 뱅크는 꿈을 이루기 위한 Real Study 시간을 과학적이고 구체적으로 수치화하여 프로그램한 것입니다.

여기에는 먼저 다음과 같은 시간에 대한 가설과 검증, 그리고 해결책이 탑재되어 있습니다.

첫째, 시간은 늘 공짜이며, 언제나 내 곁에 있는 것으로 생각하고 있다는 점입니다.

하지만 진심으로 어떤 일을 하고자 할 때, 혹은 시험을 준비할 때에는 매일 넘치는 듯 했던 시간이 턱 없이 모자랐던 경험이 있었을 것입니다.

둘째, 시간은 눈에 보이지 않아서 그냥 무심코 지나쳐 버리기 쉽습니다.

하지만 시간을 인식하고 체크하기 시작하는 순간부터 시간의 단위와 수량이 눈에 보입니다.

셋째, 나에게 시간이 많이 있다는 생각 때문에 시간 죽이기를 해도 아무런 죄책감이 없다는 점입니다.

하지만 모든 과정에는 시간의 제한이 있습니다. 내 의지와 별개로 이미 정해둔 시간의 제한에 따라야 하는 것입니다.

아무리 어렵고 힘든 과정이라도 그 끝이 있다는 사실을 인지하면서 그 목표를 보고 달릴 수 있도록 체계적 관리를 해야만 후회에서 벗어날 수 있습니다.

넷째, 어제 효율적으로 사용하지 못한 시간을 오늘 시간으로 대체할 수 없고, 내일의 시간을 미리 가져다 쓸 수 없다는 특성을 가지고 있습니다.

누구에게나 평등하게 주어진 것이 시간입니다.

예를 들어 어제 점심을 못 먹었다고 해서 오늘 점심에 두 끼를 먹을 수 없는 것과 같습니다. 내일 점심을 못 먹을 것 같다고 해서 미리 오늘 점심을 두 끼를 먹는다고 내일 점심에 배가 고프지 않는 것은 아닙니다.

시간이란, 오직 그날 그날 셀 수 있으며, 그날 그날 체크된 시간만이 오롯이 나의 것이 됩니다.

지금 놓쳐버리고 만들지 못한 Real Study 시간은 나의 경쟁력이 남들보다 뒤쳐지는 것을 의미합니다.

다섯째, 시간은 적시성을 가지고 있습니다.

무엇인가 해야할 때, 그 일을 제때 해야지만 시간의 의미가 더욱 뚜렷해지는 것입니다.

만약 그때, 그 시기를 놓쳐버리면 나름의 노력을 했다 해도 원하는 목표에 필요한 시간을 확보하는데 실패할 수 있습니다.

시험 보기 전의 소중한 시간을 놓쳐 버리고 시험 결과에 후회하는 습관에서 벗어나야만 합니다.

시간에 대한 철학이 꿈통장 Real Study 뱅크에 고스란히 녹아 있습니다.

01. '공부하는' 학생과 '공부당하는' 학생

학생들과 처음 만날 때, 저는 매번 똑같은 질문을 던집니다.

"공부가 뭘까?"
"우리는 왜 공부해야 할까?"

그러면 가장 많은 학생들이

"좋은 대학에 가고 싶어서요."

하고 말합니다.

두 번째로 많은 대답은,

"엄마가 하라고 해서요, 시키니까요."

"제 꿈을 이루기 위해서요."

라는 대답도 있습니다.

모두들 나름대로 진실하고 솔직한 대답을 합니다.

결국 학생들의 대답을 나눠보면 두 가지로 나뉩니다.

Ⅰ. 자기가 하고 싶은 일을 하기 위해 공부한다.

Ⅱ. 누가 시키니까 공부한다.

Ⅰ처럼 생각을 하는 학생들은 공부와 자신의 꿈을 연결 짓는 데에 몇 차례의 과정이 있습니다.

나는 ○○○를 하고(되고) 싶다.

그 일에 대해 배우고 공부하는 대학에 가야 한다.

고등학교(중학교) 교육을 받아야 한다.

지금 하는 공부를 해야 한다.

이런 생각을 하는 학생은 공부를 잘할 수 있을까요?

자신의 꿈이 공부의 원동력이 될 수 있을까요?

그리고 이를 위해 책상에 앉아 지루하고 외로운 공부를 하게 만들어 줄까요?

Ⅱ와 같은 대답은 굉장히 솔직하고 현실적입니다. 무엇보다 학생들이 직접 느끼는 것이니까요. 그러나 이런 학생들 대부분은 아마도 공부를 잘하지 못할 것입니다. 스스로 원해서 하는 것이 아니라 누가 시켜서 하는 것에는 한계가 있습니다. 학생 스스로의 자율적 교감 시스템이 작동하지 않는 상태에서 몰입의 즐거움을 맛 볼 수 있을까요? 상품이 만들어질 수는 있겠지만 명품이 탄생하기는 힘들 것 같습니다.

02. 공부란 변화하는 것, 'Real Study'를 하자!

공부를 단순히 성적이라고 말할 수는 없습니다.
공부는 **'할 수 없는 상태'**에서 **'할 수 있는 상태'**로의 변화입니다.
다시 말해 **'모르는 것'**에서 **'아는 것'**으로의 변화를 말합니다.
이는 **'아는 것'**에서 **'응용할 수 있는 것'**으로의 변화를 뜻합니다.

이 과정에서 당연히 갈등과 스트레스가 생겨납니다. 모든 일이 그렇듯 **갈등과 스트레스를 극복하고 해결하는 과정에서 '나 스스로'에게 자신감이 붙고 도전의식이 생기는 것**이겠죠. 그것이 꼭 공부가 아니더라도, 예를 들어 게임에서, 운동에서 우리는 그 짜릿함을 온 몸으로 경험해 봤을 것입니다.

그렇다면 그 짜릿함의 대상을 공부로 바꿀 수 있는 방법이 없을까요? 몸은 학교에, 학원에 앉아 있으면서 정작 머릿속은 멍하니 보내고 있는 나 자신이 공부와의 싸움에서 이길 방법은?

내 몸 **자율 교감 시스템에 지속적인 자극을 주어 나 자신을 인식하고 도전하게끔 피드백을 시킬 수 있는 방법**이 바로 'Real Study' 입니다.

03. 학생 스스로 바꾸기

명문대를 가기 위해선 아빠의 관심과 엄마의 정보력, 할아버지의 재력이 뒷받침되어야 한다는 말이 있습니다. 우스갯소리로 넘기기엔 너무나 정확하게 우리의 현실을 담고 있습니다. 대치동이나 목동 등 유명한 학원가의 수업은 몇 달씩 대기해야 겨우 들을 수 있다고 합니다.

그런데 역으로 생각해 보면, 그만큼 **교육에서 학생의 역할이 줄어든다는 뜻이 아닐까요?** 엄마가 권해주는 학원에서, 아빠의 독려와 할아버지의 재정 지원을 받으면 누구나 명문대생이 될 수 있을까요?

현장에서 보면, '어느 학원이 잘 가르친다더라' 하면서 이 학원 저 학원 열심히 옮겨 다니며 갖은 노력을 하는 것은 모두 엄마입니다. 아무리 좋은 정보를 입수하고 뒷바라지를 잘해준다 해도 **학생 자신의 의욕이나 노력**이 없으면 무의미한 것임을 알면서도 학생을 바꾸기보다 엄마들이 더욱 열심히 뛰어 다니려고만 합니다.

아이의 노력과 의욕이 좋은 교육 시스템과 결합한다면 그것이 최적일 것입니다. '개천에서 용 난다' 는 말은 통용되지 않습니다. 그렇다고 개천에서 벗어나기를 포기하며 살아가기를 바라지도 않습니다.

학생 자신의 의욕과 더불어 실질적인 공부 습관을 꾸준하게 길러주는 것은 아무리 강조해도 지나치지 않습니다. 진부한 듯 들리지만 그것이 바로 유일한 정답이기도 합니다.

그럼 어떻게 하면 **'학생 자신의 의욕과 꾸준하고 실질적인 공부 습관'** 을 만들어줄 수 있을까요?

어떻게 해야 부모가, 선생님이 학생의 가슴 속에 '공부'라는 불 붙이기도 힘들고 쉽사리 꺼지는 듯한 불씨를 지피고 이를 잘 타오르게 할 수 있을까요? 선생님이 24시간 학생의 옆에 붙어 있다면 학생들 입장에선 좀 힘들겠지만 가능할 수도 있을 것 같습니다. 부모가 생업을 포기하거나, 아니면 집이 부유해서 아이에게만 모든 시간을 낸다면 모를까 현실적으로 가능성이 없는 방법입니다.

아주 유능한 강사를 아이에게 붙여주는 것도 좋은 방법처럼 보입니다. 드라마 〈공부의 신〉같이 말입니다. 하지만 이 역시 실현하기 어려운 방법입니다.

경제적이면서 합리적이고, 또 가장 이상적인 방법이 하나 있습니다. 바로 학생을 바꾸는 것입니다. 잔소리 하지 않아도, 고액의 과외비 학원비를 지출하지 않아도 공부하는 우리 아이!

모든 부모들이 바라는 모습이 아닐까요? 이는 학생의 당연한 모습일 것입니다. **그동안 부모와 학원이 빼앗았던 학생 스스로의 자리를 다시 찾아주는 것입니다.**

04. 자율인지 통제 시스템을 통한 초시계 자기관리 학습법

1. 학생의 공부 속도 파악하기

① 자신의 공부 속도를 알고 있다면 과목당 소요시간을 예측하고 거기에 맞는 실현 가능한 계획, 실천 가능한 계획의 수립이 가능하다.

② 자신의 공부 속도를 알고 있다면 무작정 책상에 앉아 있으면서 손해보는 가짜 공부시간을 절약할 수 있다.

2. 학생의 자율 공부 시스템 구축

① 자신의 공부 속도에 맞추거나 그 이상의 효율적으로 공부에 푹 빠져 있을 때 **초시계**를 통하여 **자율적**으로 공부에 탄력을 받게 하는 시스템

② **초시계**의 시간이 흘러가고 있지만 지금 공부하는 페이지에 멈춰 있거나 시간이 빠르게 지나가고 있다는 것을 **본인 스스로 인식**하게 함으로써 다시 **Real Study**를 하도록 자율 의지를 자극하는 시스템

③ 초 단위 시간을 통한 집약적 효율적인 시간 관리를 직접 눈으로 보고, 본교재에 시간 기입을 통한 자신의 상승·하강·정지곡선을 느낄 수 있도록 하는 시스템

④ 상호 확인과 인식의 자극을 주기 위한 **초시계 관리는 그 누구의 힘을 빌리지 않고도 자신의 이성과 자율 의지**에 상호 연결하여 1회성이 아닌 **체질화**를 시켜 줄 수 있는 시스템

좋은 공부 습관을 체질화시키기 전까지는 어떤 유혹이나 주위 환경의 변화가 있으면 아이는 금방 옛날로 다시 돌아가고 맙니다. 이를 명심하여 **공부 자율시스템**이 자리 잡도록 도와준다면 공부에 대한 시각이나 생각을 새롭게 할 것입니다.

공부라는 것은 단순히 성적이 아닙니다. **공부는 '할 수 없는 상태'**에서 **'할 수 있는 상태'**로 변화를 시키는 과정입니다. **'모르는 것'**에서 **'아는 것'**으로 변화하는 일련의 과정입니다.

그리고 이 과정에는 **반드시 갈등과 스트레스를 이겨내야 하는 중요한 과정**이 있습니다. 외우지 못하던 구구단을 외우고, 높아만 보이던 뜀틀을 뛰어넘게 되면서부터는 어떻게 하면 새로운 것에 겁을 먹

지 않고 불안해하지도 않으면서 갈등과 스트레스를 현명하게 대처할지 알게 됩니다. 이를 **스스로 깨치게 하는 것**입니다. 가르치는 것이 아닙니다.

단, 이 과정에서 구구단을 외우고 뜀틀을 뛰어 넘으려면 무수한 **반복**과 지루한 **연습**을 이겨내야만 합니다. 일정시간을 집중적으로 참아낸 후에야 무엇인가를 해내는 **자신감과 새로운 도전을 기다리는 마음**이 비로소 꿈틀거리는 것입니다.

교육의 본질은 **변화**입니다.

부모는 학교에 가는 아이들을 보면서 변화를 기대합니다. 우리 아이들의 꿈이 이루어지고 더 발전하기를 기대합니다. 특히, 상급학교 진학을 앞에 두고 있을 때는 보다 큰 변화를 바랍니다. 그래서 학원 · 과외 · 인터넷강의까지 받게 하면서 발전하기를 바랍니다.

하지만 현실에서는 전혀 다르게 나타나고 있습니다. 학원 · 과외 · 인터넷강의를 받고 있지만 성적에는 큰 변화가 없습니다. 독서실에서, 도서관에서 아이는 분명 책상에서 열심히 공부하고 있는 것 같은데 성적에는 변화가 없습니다. 아니, 오히려 경쟁구도에서 뒷걸음질 치고 있습니다.

이러한 상황을 바꿀 해결 방법이 있을까요?

바로 **'공부 방법'**을 아는 것입니다.

저는 프로그램을 만들기 위해 3,653명의 학생들을 상대로 설문조사를 실시했습니다.

★ 우리 아이들은 스케줄(학습계획서)을 만들 줄 모릅니다.

〈85% : 계획표가 없다.〉

★ 우리 아이들은 노트정리를 할 줄 모릅니다.

〈70% : 노트정리를 안 한다.〉

★ 우리 아이들은 자신의 공부속도를 모릅니다.

〈90% 이상 : 영어 단어 10개 외우는 데 소요되는 시간,

수학문제 10개 푸는 데 소요되는 시간을 모른다.〉

더욱 무서운 사실은 기존의 공부 계획, 스터디플래너, 혹은 이를 전담하는 학원에서조차도 정확한 방법을 제시하지 못하고 있다는 것입니다. 그리고 공부 방법에 대해 쓴 여러 종류의 책들도 자신의 경험을 서술하고 있거나 여러 케이스를 연구한 결과를 단순히 그저 나열해 놓음으로써 이를 그대로 따라 하라고만 강요하고 있습니다. 이것이 '나의 상황'에 맞는 것인지를 확인할 방법은 없습니다.

그러나 이 책의 **공부 방법**은 지금 당장 공부를 해야 하는 상황에서

실천할 수 있는, 자기 자신에게 맞추어 100% 활용 가능한 방법 제시합니다.

이 책의 **공부 방법**은 기존의 다른 책들과 이런 차별점이 있습니다.

① **초시계를 활용한 과목별 공부 속도 인식**
〈먼저 학생 자신의 공부 속도를 파악하고 그 공부 속도에 적합한 학습계획 진행〉

② **초시계를 이용한 날짜별 자신이 공부한 총 Real Study 시간 확인 및 피드백 시스템**
〈가짜 공부와 Real Study를 구별하여 공부에 대한 본인 노력 여부 확인〉

③ 일시적 공부시간 확보의 개념이 아닌 **지속적 상호 게임 가능**
〈1분 1초의 시간 관리를 하므로 정확한 공부의 양을 체크하고 변화할 수 있도록 이끄는 프로그램〉

이 프로그램은 학생들에게 올바르게 전달되어 실전에 활용되는 순간부터 진정한 변화를 보게 될 것입니다.

해마다 수능 최고득점자들의 인터뷰를 보면
"교과서로만 예습 · 복습을 철저히 했어요"라고 합니다.
〈이 말의 진실여부를 따지기 전에 한 번만 꼼꼼히 생각해 보세요.〉

■ 대한민국 학생은 누구나 교과서가 있습니다.
■ 대한민국 학생은 누구나 시간이 있습니다.

어떤 학생은 같은 공부를 하는데도 전교 1등, 전국 1등을 하여 기쁨과 희열을 맛봅니다. 그러나 어떤 학생은 결과가 매우 실망스럽습니다. 그들의 차이는 **공부 방법**에 달려 있는 것입니다.

■ 똑같이 구입한 밀가루를 가지고 A라는 빵집은 맛있는 빵이 나오고
B라는 빵집은 맛없는 빵이 나옵니다.

■ 똑같은 시간과 교재를 가지고 A라는 학생은 100점이 나오고
B라는 학생은 0점이 나옵니다.

공부 방법을 진행하기 이전에 3,653명이 작성했던 설문지를 한 번 직접 작성해 보시기 바랍니다. 학생들과의 교육현장에서의 첫 질문은 다음과 같이 시작했습니다.

나의 공부 방법 설문

1) 공부하니까 성적이 올랐다.
　① 예　　② 아니요

2) 공부할 때 노트정리를 한다!
　① 예　　② 아니요

3) 하루에 공부시간이 몇 시간 정도인지 알고 있다!
　① 예　　② 아니요

4) 하루에 몇 시간 정도 공부하고 있는가?　　＿＿＿＿＿＿ (시간)

5) 시험보기 전에 스케줄(계획표)을 짠다.
　① 예　　② 아니요

6) 숙제하는 것과 공부하는 것은 같은 말인가?
　① 예　　② 아니요

7) 자신의 공부속도를 측정해 보았는가?
　① 예　　② 아니요

8) 보통 한번 의자에 앉으면 어느 정도(몇 시간) 계속 공부하고 일어나는가?
　① 예　　② 아니요

9) 암기하고 공부한 내용을 검사받은 후 혹은 시험을 보고나서 다시 복습하고 있는가?
　① 예　　② 아니요

이와 같은 질문의 핵심은 학습 계획과 노트 정리입니다. 그리고 결과는 예상보다 큰 격차로 나타났습니다. 85%의 학생들이 학습 계획 없이 그날 그날의 수업이나 숙제에 의존하여 공부를 하고 있었고, 70%는 전혀 노트 정리를 하고 있지 않았습니다.

이 두 가지 질문에는 중요한 내용이 존재합니다.

첫째, 학습 계획은 **자신의 공부 속도를** 알아야 실제로 90% 이상 실천할 수 있으며, 이는 자신감과 실력 향상으로 이어진다는 것입니다.

둘째, 노트 정리는 단순히 받아쓰고 요약하는 것 이상으로 공부를 할 때 자기 나름의 핸들링 할 수 있고, **시험에서 활용할 수 있다는** 것입니다.

이 두 질문의 결과는 지금 성적이 좋고 안 좋고를 떠나 그냥 그냥 대충 공부하고 있다는 것입니다.

더욱이 설문지의 첫 번째 질문인 '공부하면 성적이 오르느냐, 안 오르느냐'의 대답은 더욱 당혹스러웠습니다. 응답자 중 59%가 '공부해도 성적이 안 오르더라' 라는 생각을 하고 있었습니다.

그렇다면 이제 본격적으로 공부를 시작해 봅시다.

p·a·r·t **1**

공부에 관한 이야기

01. 공부란?

이 명제는 여러 의미를 포함하고 있습니다.

"이렇게 공부시켜서 이 학생이 무엇이 될 것인지?"
"공부만 잘하고 인간이 덜 되면 무슨 소용이냐?"
"성적만 좋고 이기적이면 무슨 필요가 있어? 인간성이 우선이지!"

언뜻 보면 맞는 말인 것처럼 들리지만, 이는 공부의 진정한 측면을 보지 못하고 공부가 가져다주는 자기 통제력 확립이라는 것을 경험해 보지 못한 가설들입니다. 이솝우화에서 길을 지나가던 여우가 맛보지 못한 포도를 보고 "아마 저 포도는 신맛일거야!"라고 단념해버리는 것과 같습니다.

공부는 힘들고, 하기 싫고, 짜증이 나기도 합니다. 공부를 잘 하는 학생도 놀고 싶은 마음이 더 클 것입니다. 이러한 유혹과 힘든 상황을 이기는 능력을 키우는 것은 매우 중요합니다. 지금이 컴퓨터를 해야 할 때인지 안 해야 할 때인지, 핸드폰 문자를 보내야 하는지 참고 다음에 보내야 하는지를 통제할 수 있는 결단력을 학생들에게 만들어 준다면 공부는 점수나 성적 이상의 의미를 가집니다. 그때 비로소 공부의 진짜 가치가 생기는 것입니다.

공부는 인내와 끈기를 길러주는 멋진 도구입니다.

TV 드라마나 소설에 쉽게 빠져들어 몰입하고 감동하곤 하는 경험을 해 보셨을 것입니다. 왜 그럴 까요?

그것은 바로 '갈등'이라는 것이 있기 때문입니다. 이러한 갈등이 왜 발생하는가에 첫 번째 관심을 갖고, 이러한 갈등을 등장인물이 **어떻게** 해결해 가는지에 대해 두 번째 관심을 가지기 때문입니다.

사실 공부도 시작부터 갈등의 연속입니다. '해야 되느냐?', '하지 말고 놀아야 되느냐?'에서부터 갈등은 시작됩니다. 이러한 갈등을 **어떻게** 해결해 가느냐에 따라 재미와 감동이 첨가되어 멋진 결과로 완성됩니다.

공부는 인생의 전부가 아닙니다. 공부는 처음부터 도구일 뿐입니다. 자신을 통제하여 갈등을 해결하고 성취감을 통해 무슨 일이든지 할 수 있다는 자신감을 얻는 도구가 공부인 것입니다.

> 김연아에게 피겨스케이팅이 도구인 것처럼
> 박세리에게 골프가 도구인 것처럼
> 박지성에게 축구가 도구인 것처럼
> 카일 메이나드에게 레슬링이 도구인 것처럼

사람은 생각만 하는 사람과 생각하고 도전하여 결과를 맛본 사람으로 나눌 수 있습니다. 그렇다면 이 글을 읽고 있는 여러분은 어떤 사람인가요?

도전이란?

눌러도 꼿꼿이 일어나고 숨기려 해도 얼굴과 가슴에서 타오르는 자신감

우리는 아침에 눈을 뜨는 순간부터 '하느냐 / 마느냐' 선택을 하게 됩니다. '지금 일어나느냐 / 조금 더 자느냐'의 선택부터 시작해 우리의 모든 행동이 '선택 → 판단 → 결정'의 순서로 진행됩니다. 이때 가장 중요한 요소는 다름 아닌 본인의 **자율 의지**에 따라 모든 것이 결정되고 실행으로 이어지는 시스템입니다.

공부는 '하느냐 / 마느냐'의 끝없는 생각의 충돌에서 시작합니다.

[지금 책상에 앉느냐 / 마느냐]
[영어 공부를 하느냐 / 다른 과목을 하느냐]
[교과서를 보느냐 / 문제집을 보느냐]

이러한 과정에서 **자율 의지**는 **자기 통제력**이 어느 정도 형성되어 있는가에 따라 그 반응이 완전히 달라지게 됩니다. 자율 의지가 항상 올바른 것에 따르고 싶어도 **자기 통제력**이 얼마만큼 형성되어 있느냐에 따라서 전혀 다른 모습으로 나타나는 것입니다.

자기 통제력은 본능에 가까운 것을 선택하는 통제력이면서 좀 더 편하고 좀 더 쉬운 것에 대한 통제력이기 때문에 체질화되면 습관처럼 등장합니다.

지난 15년 간 3,653명의 학생들을 대상으로 연구를 한 결과, '공부 잘 하는 습관'을 가진 학생들은 **자기 통제력**이 우수할 뿐만 아니라 즉각적 반응으로 통제되어있어 어느 순간이라도 **자기 통제력**이 작동하였습니다. 그래서 자신의 에너지를 보다 가치 있는 일에 쏟을 수 있는 습관을 만들었습니다.

반면에 '공부 못하는 습관'을 가진 학생들은 **자기 통제력**이 전혀 작동하지 않거나 자기 마음대로 작동하여 그 존재 가치를 찾아보기 힘들었습니다. 그와 함께 자기 통제력보다 자기 방어 장치가 매우 우수하고 견고하여 만족스럽지 않은 결과에 대해서도 다른 상황이나 이유를 정당화시키는 습관을 만들었습니다. 아무것도 할 수 없는 환경이라는 것은 없음에도 불구하고 만족스럽지 못한 결과에 대한 원인을 엉뚱한

데에서 찾고 있었습니다.

▌다른 친구들보다 내 머리(IQ)가 부족해서 그래.
▌다른 친구들은 학원을 다니는데 나는 안 다니니까 성적이 그런 거야.
▌우리 집 형편이나 환경이 공부하는 데 좋은 여건이 아니어서 그래.
▌공부방법론에 대한 지도를 받지 못해서 그러는 거야.

자율 의지는 누구에게나 있습니다. 그리고 **훈련**을 통해 **자기 통제력**을 강하게 만든다면 그것은 곧 자신의 인생을 올바르고 가치 있게 만드는 길일 것입니다. 생물학적으로 살아 있다는 것은 단순히 건강만 의미하는 것이고, 정신적 또는 심리적으로 살아 있다는 것이야말로 **자기 통제력**을 가진 인간이라 할 수 있을 것입니다.

이 책을 보는 여러분은 이미 보다 가치 있는 것이 무엇인지 알고 있지만 그것을 실천하기에 부족한 부분을 채우고자 찾고 있는 존재입니다.

지금부터 저는 어떻게 하면 공부 못하는 습관에서 공부 잘하는 습관으로 체질을 변화시키고, 가치 있는 삶을 영위하기 위해 노력하는 여러분들에게 실천적 가치를 분명하게 알려드릴 것입니다.

02. 공부에 관해 정리하기

먼저 '공부' 의 의미를 살펴봅시다.

공부란 따라서, 단순한 성적 높이기가 아닌 **자기 통제력**을 길러가는 하나의 도구이다.

따라서 골프 / 피겨스케이팅도 그 도구가 될 수 있습니다.

공부를 잘하는 학생과 공부를 못하는 학생의 차이점은 여러 가지가 있습니다. 그중 가장 설득력이 있는 것이 **'공부 습관'** 이라고 할 수 있습니다.
즉, **공부를 잘하는 학생**은 공부 잘하는 습관이 의식적 · 무의식적으로 몸에 배어 있습니다. 예를 들어 책상에 앉자마자 바로 Real Study에 몰입하고 Real Study 시간을 자기 마음대로 늘릴 수가 있기 때문에 그 결과 또한 항상 만족스럽습니다.

이에 비해 공부를 못하는 학생은 공부 못하는 습관이 은연 중에 이미 체질화 되어 있습니다.

공부 못하는 습관이란 간단히 말해 다음과 같습니다.

① 공부는 하는데 Real Study는 하지 않고 가짜 공부만 하는 상태

② 수업을 받고 있는데 자기 것으로 만들지는 않고 있는 상태

③ 학원은 다니지만 복습이라는 것이 없는 상태

④ 인터넷 강의를 듣지만 멍 하니 있는 상태

⑤ 공부 걱정과 고민은 많지만 실제 책상 위에서 열심히 공부하지는
   않는 상태

공부 못하는 습관은 반드시 고치고 바꾸어야만 공부를 잘할 수 있습
니다. 그리고 어떤 잘못된 습관을 가지고 있는지 측정을 해야만 고칠
수 있습니다. 이 잘못된 습관에서 가장 중요한 핵심은 공부 시간 관리
입니다.

공부 습관 관리는 '불씨이론' 에서 언급할 것처럼 시간의 지속성과
더불어 절대적의로 필요한 시간을 공부에 투입해야 합니다.

03. 공부에서 시간의 중요성

시간 관리	훈 련
– 무슨 일을 하더라도 시간 투자 없이는 실질적인 모습을 만들어 낼 수 없다. – 생각이나 기도만으로는 이루어지지 않는다는 점을 명심하자. – 진짜 귀중하고 소중한 내 시간을 투자하라! – 생각은 생각일 뿐 변화는 실천하고 있는 시간 속에서 만들어 진다! • 공부 방법을 연구하기 이전에 • 새로운 교과책을 사기 이전에 • 무작정 학원 수강을 하기 이전에 먼저 자기 자신이 얼마나 진짜 공부에 나의 소중한 시간을 쏟아 붓고 있는지를 의식해야 한다. 그것도 지속적으로 의식하면서 불꽃을 피워야 한다. 시간체크 속에서 변화할 수 있게 체질을 바꿔야 한다.	**〈공부 잘하는 습관으로 바꾸기〉** ① 훈련으로 가능한 것 ② 훈련으로 자기 몸에 체질화시키는 것 〈자기자신을 핸들링할 수 있는 습관〉 전제조건은 먼저 현재 자신의 상태를 정확하게 그리고 제대로 파악해야만 개선할 수 있다. 여기서 훈련이란, 　첫째, 인지하기(보고 깨닫기) 　둘째, 호기심 자극하기 　셋째, 자율 통제 능력 기르기 　　　체온이 올라가면 　　　스스로 땀이 나듯이 〈항상 무슨 일이든지 '할까 / 말까' 라는 가장 단순하고 기본적인 상태에서 해야 하는 것을 하게끔 행동으로 이어주는 습관〉

공부는 운이 아니다.

도박도 아니고 로또도 아니다.

역전이라는 것은 없다.

현실에서 공부는 시간이 쌓여 터뜨리는 것이다.

이렇게 하기 위해서는 시간이 채워져야 가능한 것!

노력이 채워져야 가능한 것!

실패하는 대부분의 학생들은

① 공부를 해야겠다는 강박관념만 큰 경우

책상에서 본인 스스로 할 수 있는 것과 할 수 없는 것으로 나누어서 할 수 있는 것부터 시작하자!

② 공부를 해야겠다는 자각만 존재하는 경우

실제 본인의 공부시간을 체크해보고 그 공부시간으로 나올 수 있는 성적을 상상해 보라! 더 깊이 있게 자신의 실제 공부 시간, 즉 Real Study 시간을 냉철하게 체크해 본다면 답이 나올 것이다. 생각으로

③ 공부 방법론에 대한 연구에 신경 쓰는 경우

가장 미련한 방법이다. 몇 십 만원씩 주고 전문심리 상담을 받아 봐도 결국 실천에 따라 결과가 달라지기 마련이다. 예를 들어, 얼음판 위에 한 번도 올라가보지 않은 사람이 피겨 교본부터 프로 서적까지 열심히 읽고 나서 김연아랑 한판 붙자 하는 것과 같은 것이다. 그렇게 지고 나서 다시 심리 상담을 받으며 꿈을 꿀 것인가?

공부의 목표는 단순한 성적 향상이 아닙니다.

공부는 자기 결정의 연속 과정에서 '하느냐 / 마느냐'를 선택하고 실천하게끔 이끌어주는 도구이자 수단입니다. 공부 자체는 목표나 목적이 아니라 수단이자 도구라는 것입니다. 그리고 과연 자신의 **자율 의지와 자기 통제력**이 얼마만큼 잘 형성되어 있는지를 보여주는 모습이 성적표입니다.

김연아에게는 피겨스케이트가 자신의 자율 의지와 자기 통제력을 형성시켜준 도구이며, 그 결과인 성적표는 금메달입니다. 김연아는 그 어떤 다른 선수보다 자기 통제력이 우수했기 때문에 연습하고 싶지 않

을 때에도 자신을 이겨서 연습하고 노력하여 자신을 핸들링할 수 있는
경지에 도달한 것입니다.

김연아에게는 피겨스케이트가 수단이고 도구입니다.
박지성에게는 축구가 수단이고 도구인 것입니다.

이처럼 공부를 통해서 우리는 **자기 통제력**을 어느 정도까지 발휘할
수 있는지를 가늠해 볼 수 있습니다.
공부 못하는 습관이 몸에 배어 있는 그룹들의 특징은 다음과 같습니다.

① 포기하는 습관이 배어 있다.
② 자기 방어 장치가 우수하게 작동하며, 이는 자기 합리화의 도구
  이다.
③ 시도해 보기도 전에 '잘 안 될 거야', '힘들 거야', '나만 안 될
  수도 있어'가 머릿속을 지배하고 있다.
④ 공부방법론에 관한 책과 강의를 듣고 막연히 공부를 잘하길 기
  대한다.
⑤ 자기가 혼자 할 수 있는 것과 자기가 혼자 할 수 없는 것을 구별
  하지 못한다.
⑥ 모든 일에 '내일부터'라는 마음을 먹는다.

이런 경우 반드시 스터디 트레이닝을 생각해봐야 합니다.

상담보다는 **훈련**이 필요합니다.

생각보다는 **실천**이 필요합니다.

꿈보다는 **현재 상황 체크**가 필요합니다.

훈련이라는 것은 본능적인 상태를 극복하려는 일관되고 지속적인 노력 행위입니다. 우리는 누구나 좀 더 편하게, 좀 더 쉽게 살려는 본능을 가지고 있습니다. 서 있으면 앉고 싶고 앉아 있으면 눕고 싶다는 본능적인 생각체계 말입니다. 아무리 공부를 잘하는 학생일라도 똑같은 것입니다. **스터디 트레이닝**, 즉 **훈련**을 통해서 자기 스스로 해야 할 것을 선택하고 결정하여서 자신을 통제하고 다듬었다는 점이 차이입니다.

이러한 **훈련**은 상담도 아니고 생각도 아닙니다.

몸에 체질화가 되도록 지속적으로 자신을 다듬어 가는 과정입니다.

공부 잘하는 습관이 몸에 배도록 자신을 다듬어 가는 과정입니다.

여기서 복습의 가장 기본인 '과제' 에 대해 생각해 봐야 할 것이 있습니다. 학생들에게 과제를 하지 않은 이유를 물으면

아이들의 대답은,

"시간이 없어서요, 바빠서요."
"과제가 있다는 것을 잊어 버렸어요."

학생들의 대답은, 자신들은 솔직한 것이라 생각할지 몰라도 정확한 답이 아닙니다.

'시간이 없어서요 / 바빠서요'가 아니라 **'시간 관리를 못해서요'**가 정답입니다.

누구에게나 24시간이 주어집니다. 모두들 학교를 마치고 학원을 가는 등 엇비슷한 생활 패턴을 갖습니다. 그런데 정말 나만 시간이 없는 것일까요?

아닙니다. 정확히 말해 나만 **시간 관리를 못 해서입니다.**

그렇다면 왜 시간 관리를 못 할까요?
계획을 세우지 않을까요?
그것은 **시간을 지배하지 못하기 때문입니다.**

시간을 지배한다는 것은 두 가지 사실이 있습니다. 이는 반드시 명심해야 합니다.

첫 번째 사실은, **측정하지 않으면 개선할 수 없다는 것**입니다.
바로 **확인**의 문제입니다.

예를 들어, 요즘 영어단어장을 서점에 가서 보시나 아이들 책을 보면 하루별로 외울 분량을 잘 정해 놓았습니다. 무작정 외우라는 것이 아니라 하루에 이 정도 분량은 소화하라고 거의 모든 책들이 섬세하게 신경을 쓰고 있습니다.

학생들에게 월, 수, 금 수업일 때 보통 2일 분량 혹은 3일 분량을 다음 시간까지 자기 스스로 공부해 오도록 합니다. 그러면 준비가 안 된 모든 학생들의 첫 번째 대답이 '시간이 없어서 못 했어요' 입니다.

그래서 다른 모든 책을 덮고 **초시계**를 가지고 하루분량 단어를 공부하도록 지도합니다. 그러면 최고 짧은 소요시간이 7분, 최대시간이 20분이었습니다.

그렇다면 결국 21분에서 60분이면 3일 분량을 초벌 공부를 하고 두 번, 세 번까지 복습해 온다고 해도 기껏해야 총 시간이 40분에서 90분이 소요됩니다. 왜냐하면 반복할 때에는 첫 번째 시간보다 더 적은 시간이 소요되기 때문입니다. 그렇다면 완벽하게 마스터해 오는 것입니다.

이때 이렇게 못했던 것은 바로 **확인**을 해보지 않았기 때문입니다. **하루에 공부하는 시간을 확인**하지 않았기 때문입니다.

두 번째 사실은 **선택의 상황**에서 '해야 되느냐 / 마느냐' 입니다. 이는 **자기를 통제**하고 가치 있는 것을 판단하고 실천해야 하는 **공부하는 체질**이 몸에 배어있지 않기 때문입니다. 습관이 되어 있지 않기 때문입니다.

이러한 **체질 개선의 문제**는 바로 공부하는 과정에서 **요구되는 근본가치**입니다.

그래서 공부는 목적이 아닙니다. 성적이 목적이 아닙니다. 공부는 수단이고 도구입니다. **공부 잘 하는 습관**으로 가지고 가는 수단이고 도구입니다.

공부 잘하는 습관이라는 것은 어떠한 선택 상황에서 자기를 통제하고 가치 있는 것을 판단하여 실천하는 일련의 과정이 습관화 된 것입니다. 이 속에 인간성도 포함되어 있고, 그 사람의 본질과 핵심가치가 묻어나는 것입니다.

■ 교육은 변화이다.

모르는 상태에서
할 수 없는 상태에서
알고 있는 상태에서

아는 상태로 변화
할 수 있는 상태로의 변화
깊이 있게 알게끔 해주는 변화
응용할 수 있게 해주는 변화

① 무엇이든지 자신의 의지대로 할 수 있는 상태
② 지금 해야 하는 것과 나중에 해야 하는 것을 구별하고
   행동으로 옮기는 상태
③ 스스로를 지배할 수 있는 상태
   =Real Study의 상태

제가 이 책에서 여러분에게 말하고자 하는 것은 두 가지입니다. 정확히는 한 가지 질문과 그에 대한 답이라고 할 수 있습니다.

어떻게 하면 공부를 제대로 잘 할 수 있을까요?

Real Study를 통해 여러분의 모든 꿈을 이룰 수 있습니다.

공부를 구성하고 있는 것은 국어 · 영어 · 수학 · 사회 · 과학 등의 교과 과목입니다. 이 교과 과목을 공부하는 기술적 방법과 요령은 다음 장인 Real Study 이야기에서 구체적으로 설명하기로 하고 우선은 왜 공부를 해야 하는 가에 대한 이유를 설명해 드리고자 합니다.

이 책을 다 읽은 다음에 Real Study에 대한 더 효과적인 방법을 원한다면 천지개벽프로그램에서 진행하는 one day study seminar를 통해 온몸으로 Real Study를 깨우쳐 보시길 바랍니다(주소 http://blog.naver.com/realstudy).

공부는 수단이고 도구입니다. 즉, 공부를 해야겠다는 자율의지 속에서 자기 통제력을 훈련시켜서 꾸준히 실천할 수 있게끔 자기 자신을 다듬어간다는 것입니다.

예를 들어 건강을 위해서 달리기, 줄넘기, 철봉 등의 운동을 한다면 그것은 수단이고 도구입니다. 내가 원하는 건강의 목적에 따라 운동종목을 선택하고 직접 하는 것입니다. 이 과정에서 내 자신의 건강을 유지하기 위한 자율의지와 자기 통제력을 가지고 꾸준히 실천하는 것이 가장 중요한 것입니다.

어떻게 공부할 것인가의 가장 핵심적인 사항은 바로 자기 통제력과 실천에 있습니다. 이 핵심가치가 현실로 나타나는 것이 바로 교과 과목에 대한 성적일 것입니다. 그래서 우선은 학생 여러분에게 공부를 해서 성적을 높이라는 것입니다. 학교에서 충분히 배우고 익힌 과정에 대한 실력 평가인 시험조차 통과하지 못하는 사람이 그 이상의 꿈을 이룰 수 있기는 어려울 테니까 말입니다.

교육현장에서 학생들을 지도하거나 상담을 하다보면 학생들 본인 스스로는 열심히 한다고 하는데 성적이 오르지 않는다고 하소연하며 의기소침해질 때가 많습니다. 하지만 깊이 있게 관찰하고 함께 공부하다보면 성적이 오르지 않는 원인이 분명해 집니다.

"열심히 하는데 성적은 안 올라요" 라는 말은 두 가지를 안 하고 있다는 것입니다.

첫째, 학생 스스로의 공부하는 과정에서 Real Study가 아닌 가짜공부를 하고 있다는 사실입니다. 책을 읽다 보면 여러분도 자연스레 Real Study와 가짜공부의 뜻과 차이를 알 수 있을 것입니다.

둘째, Real Study의 가치를 모른다는 것입니다. 세상에 무슨 일이건 그것을 성취하고자 하다면 반드시 시간과 정성이 필요한 법입니다. 내 배가 고파 먹는 밥이나 졸려서 자는 잠도 나름의 노력과 정성이 필요합니다. 하지만 이를 인지하지 못할 때가 많죠? 내가 원해서 하는 것입니다. 여러분도 공부를 정말 원하고 열망해서 해 보고 싶으시지 않으신가요?

p·a·r·t 2

Real Study 이야기

01. 자기 자신을 아는 것

보통 학생들에게 '공부 스케줄표를 만들어보자' 라고 하면 다음과 같은 질문들을 합니다.

① 저는 시험 범위도 모르는데 어떻게 계획표를 만들어요?
② 아직 배우지도 않았고 진도도 안 나갔는데, 어떻게 계획표를 만들어요?
③ 예전에 몇 번 계획표를 만들었는데 계속 미루게 되어 그냥 계획 없이 공부할래요.

그리고는 다시 예전처럼 아무런 계획도 없이 무작정 공부하고 달라지지 않은 점수를 받고, 또 반복적인 후회와 갈등을 하면서 점차 '공부는 해도 안 되는 것이구나' 라는 생각만 커져가는 것입니다.

계획을 세우기 전에는 반드시 먼저 해야 할 것이 있습니다.

바로 자기 자신을 아는 것입니다.

영어 : 30분에 내가 외울 수 있는 단어의 수는?
　　　(잊어버리는 것에 신경 쓰지 말자. '반복' 이라는 무서운 힘이 있으니깨!)
수학 : 30분에 내가 풀 수 있는 수학문제의 수는?

더 깊이 진행하면

① 모든 과정은 반드시 초 단위로 체크하면서 소요시간 및 과정을 확인합니다.

② 반드시 3 · 6 · 9 단위 반복 및 테스트는 필수입니다.

③ 학교에서 배운 것을 숙제가 아닌 Real Study로 상승합니다.

④ 내 공부 속도에 맞추어 Real Study를 통해서 성적이라는 결과가 나오게끔 **공부**합니다.

우리는 공부 스케줄표를 만들 때 공부할 과목을 정하고 날짜를 배정할 뿐입니다.

그러나 정말 중요한 것은

> ① 공부 방법(Real Study)
> ② 나의 공부 속도(초시계 공부)

즉, ① **공부 방법** – 가짜 공부를 걸러내고,

  – **Real Study** 구별하기

  Real Study에 최대한 많은 시간을 확보 하도록

  하는 것이 중요합니다.

② **나의 공부 속도**

단어암기 개수 / 30분
수학문제 풀이 개수 / 30분
독서 페이지 / 30분
문제집 풀이 페이지 / 30분
한자암기 개수 / 30분
단원별 정리 소요시간 / 분

영어문장 암기분량 / 30분
고난이도 수학문제 풀이 개수 / 30분
정리된 것 공부하는 소요시간 / 분

이와 같은 나의 공부속도를 정확히 알아야지만 공부스케줄표도 만들 수 있습니다.

이렇게 하면, 우리가 생각했던 것보다 더 적은 시간에 풀고 암기하고 공부할 수 있는 부분들을 시간을 느슨하게 보내고 있었다는 것을 체험할 수 있습니다.

더 나아가 모든 시험에서는,

① 아느냐 / 모르느냐를 평가

② 응용할 수 있느냐 / 응용할 수 없느냐를 평가

③ 정해진 시간 내에 해결하느냐 / 정해진 시간 내에

　　해결하지 못 하느냐를 평가

④ 시험에서 만들어진 긴장된 분위기를 조절

　　할 수 있느냐 / 못 하느냐를 평가

⑤ 준비한 것들을 시험장에서 충분히 실력 발휘

　　할 수 있느냐 / 못 하느냐를 평가

Q. 왜! 계획을 세웠는데 이행하지 못할까요?

① 의지력 부족　　② 실력 부족

③ 추진력 부족　　④ 노력 부족

A. 무엇보다도 자기 공부 속도를 모르기 때문에

측정되지 않으면 개선할 수 없다

이렇게 빨리 할 수 있는 일을 집중해서 열심히 하지 않으면 시간이 그냥그냥 흘러가고 있다는 사실을 초시계로 확인하는 프로그램.

정확하고 올바른 나의 공부속도를 알고 있어야만 미래를 준비할 수 있는 기본을 알아가는 초시계 전략 프로그램.

초시계 속에서 가짜 공부와 Real Study를 구분하여 시간 배분을 보다 능률적으로 구성할 수 있는 프로그램.

학생들의 학습 모습을 현장감 있게 설명해 보겠습니다.

학원·과외·인강을 듣고 나서 선생님은 나름대로 공부하라고 숙제를 내줍니다. 이 과정에서 보통 아이들은 숙제를 공부로 인식하고 시작합니다.

예를 들어, 단어를 30개 암기해 오라고 하면 집이나 도서관에서 시간 개념 없이 '나는 지금 공부하러 왔어', '지금 단어 외우고 있어' 라고 생각합니다.

⇒ 하지만 정작 30단어를 암기하는 데 몇 분 몇 초가 걸리는지 체크해 본 적은 없을 것입니다.

직접 같이 테스트를 해보니(학생들의 개인차가 있지만) 30분 이내였으며, 최고 학생(초등학교 4학년)은 15분 만에 모두 암기하고 시험까지 봤습니다.

"어차피 금방 잊어버리잖아요?"
→ 맞아요. 잊어버리지요. 그래서 시간 간격을 두고 복습을 하는 것입니다.
  이때는 시간이 더 단축되는 재미를 느낄 수 있습니다.

이렇게 하면 되는 것을 공부를 한다고 책상에서 끙끙대고 있는 것을 보면 자신의 공부 속도를 정립하지 않았기 때문입니다.

더 나아가 공부가 되지 않다 보니 그 과목에 대한 올바르고 정확한 이해가 안 되어 실력은 제자리에 머물러 있고 부모는 사교육비만 더욱 지출하는 악순환이 반복하는 것입니다. 그렇다면 가짜 공부와 Real Study를 나누어서 생각해봅시다.

02. 꿈·이상·목표

거대한 목표나 거창한 꿈보다는 바로 지금 Real Study.
바로 이 시간 무엇을 어떻게 해야 하는지가 먼저.

① 가짜 공부와 **Real Study**를 냉철하게 구별하기
  그리고 10분 동안 **Real Study**에 돌입하기
  마지막으로 30분 동안 **Real Study**에 돌입하기
  (이때, 자신의 집중도와 피로도 측정해보기)

② 오늘 하루에 **Real Study**(공부한 내용 자기 것 만들기)가
  된 것은 무엇인가?
  오늘 하루의 **Real Study** 총 소요시간 계산하기
  오늘 하루의 가짜 공부 총 소요시간 계산하기

③ 일주일 단위로 계획(스케줄)에 따른 관리하기!
  ★ 외우고 잊어버리고의 끊임없는 과정,
    나태라는 내 안의 적과 싸우기

④ 중간고사 / 기말고사를 통한 내 자신의 공식적인

실력 평가 / 인증

그리고 인생의 방향 설정

(현실적인 점수가 꿈과 이상을 이룰 수 있는 가장 기본적인 요소)

그렇지 않게 되면 소위 망상이나 한낱 바람일 뿐이다.

⑤ 상위학교 선택 및 진로 결정

⑥ 진정한 꿈과 이상 실현

100일

1달

1주일

하루

지금당장

03. 자기 암시(환골탈태)

책상 앞에 앉아 있을 때 바로 공부에 몰입한다면 가장 이상적이겠지만 잘 되지 않을 때가 많습니다. 이때 조심할 것(상념의 눈덩어리효과 / 의심 / 나태)들을 이겨나가도록 합시다.

첫째, 지금 당장 할 수 있는 것과 할 수 없는 것 구별하기

지금 할 수 있는 것은 책상에서 바로 **Real Study**에 돌입하는 것이고, 지금 할 수 없는 것은 그 방법을 찾아 해결하면서 공부하도록 유도하는 것입니다.

이때 '무조건 외워야지', '까짓것 외우다 보면 되겠지' 라는 정신은 절대 금지! 이는 역효과뿐만 아니라 안개 속으로 들어가는 블랙홀이 될 것입니다.

둘째, 책상에 앉아 있을 때 의심이라는 친구가 불쑥 찾아올 것입니다.

"에이 이렇게 해도 안 돼."
"이렇게 한다면 정말 성적이 오를까."
"예전보다 열심히 공부했는데 성적이 더 떨어졌잖아."
"그냥 틀리지 괜히 공부했어. 틀리면 더 힘들고 쪽 팔려."

이러한 의심이 찾아올 때는 반드시 그 틈을 초시계에 의존하여 빨리 보내야만 합니다. 갑자기 초시계의 시간이 계속 늘어지고, 문제 푸는 속도가 느려진다면 피곤하거나 의심이라는 친구가 옆에 앉아 있다는 사실을 명심할 것!

셋째, 책을 보다 보면 자신도 모르는 사이에 나태라는 친구도 찾아와서 인사를 하고 옆에 앉아 있습니다.

　　"에이, 힘들지? 그냥 넘어 가자."
　　"야, 잠깐만 자고 다시 하면 더 효율적이야."
　　"많이 했네. 됐어. 잘했어. 이제 좀 쉬어."

이러한 친구들은 소리 없이 다가오면서 아주 강력한 유혹을 합니다. 대부분은 이에 넘어가고 후회하고 또 넘어가고 후회하게 만드는 파괴력이 강한 핵폭탄과 같은 것입니다. 그들과 가까워지는 순간부터 실패하는 습관이 길들여지고 이전의 모습으로 되돌아가고 맙니다.

'후회'가 시간적으로 앞설 수 없다는 사실을 알면서도 쉽게 후회하고, 실천에는 인색한 정신력을 바꿔야만 가능합니다. 그리고 이는 어느 순간에 찾아올 수 있기 때문에 찾아오지 못하도록 **초시계로 나 자신을 철저하게 관리해야 합니다.**

“쉴 때 쉬더라도 공부할 때는 Real Study가 되도록 몰입해야 한다” 는 단순하면서도 중요한 사실을 명심해야 합니다.

정신 자세의 측면

가짜 공부에 있는 그룹	Real Study 학생 그룹
공부는 시험기간에 최선을 다해서 성적을 높이는 것이다.	공부는 지금 이 순간에 내 눈 앞에 있는 책들이다.
학교 공부만으로는 마음이 불안해 학원과 인강이 필요한 것이다.	혼자 하기 힘든 부분과 혼자할 수 있는 부분으로 나누어서 혼자하기 힘든 부분에 추가수업을 받는다.
머릿속에서는 '시험 때', '고3 때'	머릿속에서는 '오늘'
공부는 초인적 의지와 원대한 꿈을 가지고 그저 열심히 하면 되는 것이다.	공부에 관한 범위가 그려져 있다.
계획(스케줄)은 짜는 것 따로, 지키는 것 따로다. 그러므로 오히려 계획을 세우지 않는 것이 효과적이다.	계획(스케줄)은 현실적이고 지켜지는 것이다.
책상에 앉으면 고민 50%, 공부 50%	책상에 앉으면 지금 펴 놓은 책에 올인!

중학교 3년간 공부시간 변화

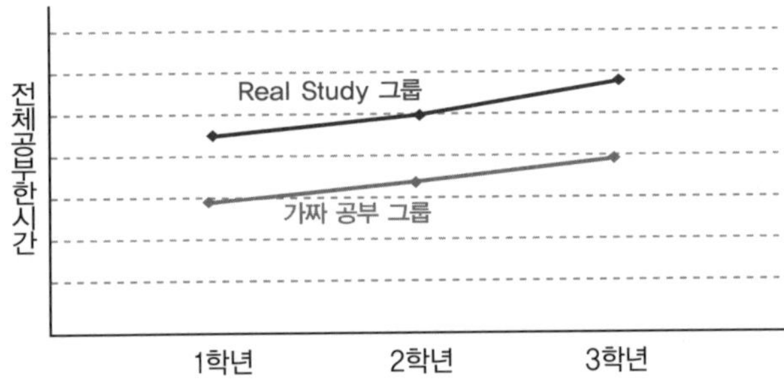

고등학교 3년간 공부시간 변화

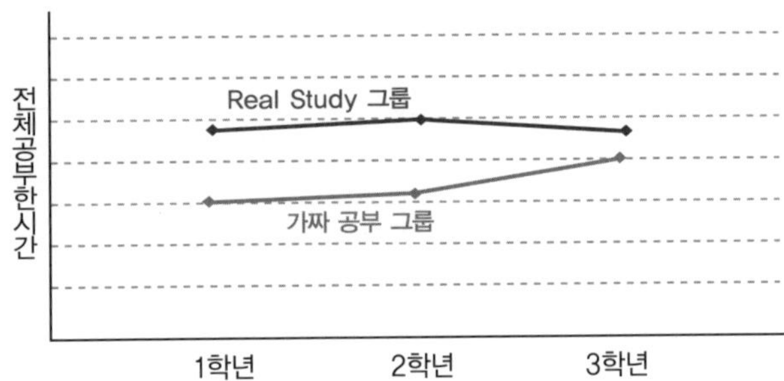

학습시간

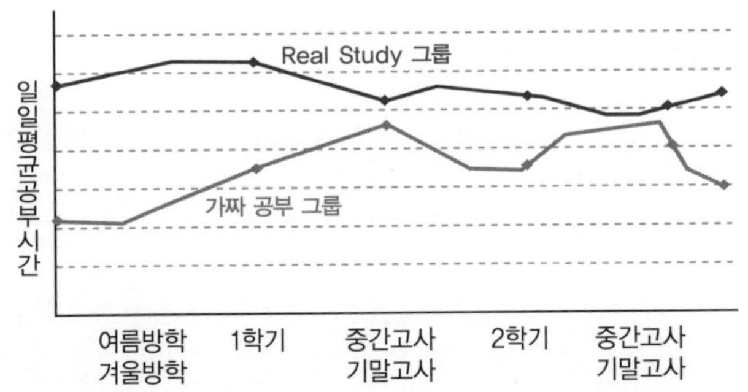

p·a·r·t 3

Real Study를 하자

01. 가짜 공부와 Real Study

가짜 공부	Real Study
– 오답 노트 정리하는 것 　(오리고 붙이기) – 학원·과외·인강 수업 듣는 것 　(특히 멍하니 있으면서) – 숙제하는 것 　(수동적 자세로 하는 것) 　ex. 깜지 쓰기 몇 장 **〈수동적 공부는 배운 지식의 10~30%가 머리에 남아 있음〉**	– 오답 노트를 가지고 다시 풀고 　암기하는 것 – 수업 들을 때 중요한 것과 시험 　에 나오는 것을 주의 깊게 표시 　하고 내 것으로 만든다는 것 – 정리된 노트를 암기하는 것 – 숙제하는 것 　(능동적·반복적 자세) **〈능동적 공부는 배운 지식의 60~80%가 머리에 남아 있음〉**

계속 사고하며 수업을 듣자

그저 선생님의 수업을 듣고 이해하는 것만으로는 부족합니다. 배운 내용을 금방 잊어버리게 되기 때문입니다. 머릿속으로 끊임없이 생각하며 수업 내용을 따라가 보세요.

예를 들면, 영어 시간에 지문을 미리 해석하면서 선생님의 해석을 따라가고, 수학시간에 증명하는 문제가 나오면 미리 문제풀이를 생각해 본 다음 자신의 풀이와 선생님의 풀이가 어떻게 다른지 생각해보는 것입니다. 그러면서 모르는 것이 있으면 끊임없이 고민하고 메모하면서 치열하게 수업을 듣도록 합시다.

같은 시간을 공부해도 학습량과 이해도에 엄청난 차이가 납니다.
Real Study에 관한 옛 성현의 말씀을 되새겨 봅시다.
이는 퇴계 이황 선생님의 말씀 중에 있는 것입니다.

"책이란 정신을 차려서 수없이 반복해서 읽어야 하는 것이다. 한 두 번 읽어보고 뜻을 대충 알았다고 해서 책을 그냥 덮어버리면 자기 몸에 충분히 배어나지 못할 뿐만 아니라 마음에 간직할 수 없게 된다. 이미 알고 난 뒤에도 그것을 자기 몸에 배도록 공부를 더 해야만 비로소 마음속에 오래 간직할 수 있게 된다. 그래야만 학문의 참된 뜻을 체험하여 마음에 흐뭇한 맛을 느끼게 될 것이다."

"학문하는 것은 거울을 닦는 것에 비유할 수 있다. 거울은 본래 밝은 것이지만, 먼지와 때가 겹겹이 덮여 있어 약을 묻혀 씻고 닦아야 한다. 처음에는 온 힘을 들여 닦아 내야만 한 겹의 때를 겨우 벗겨낼 수 있으니, 매우 힘든 일이다. 그러나 계속해서 두 번, 세 번 닦는다면 힘이 점점 적게 들고, 거울도 점점 힘을 들이는 만큼 밝아질 것이다. 그러나 어려운 과정을 지나 쉽게 행할 수 있는 경지에 이르는 사람은 참으로 드물다."

순암 안정복(1712~1791) 선생은 이런 말씀을 하셨습니다.

"성현의 글은 만 번쯤 읽지 않으면 그 의미를 알 수 없다. 비근한 일을 들어 비유하자면, 백 아름되는 나무를 베려고 할 때에는 반드시 큰 도끼로 찍어야만 벨 수 있다. 그 의리의 심오함이 어찌 큰 나무에 비교하리오. 반드시 많이 읽은 다음이라야 대강이나마 그 의미를 알 수 있는 것이다. 그런데도 요즈음 사람들은 글을 읽는 괴로움을 감내하지 못하고 한두 번 훑어보고는 스스로 안다고 자부하니, 뜻을 터득할 수 없음은 명백하다. 이것이야말로 조그마한 낫으로 큰 나무를 베다가 겨우 껍질이나 조금 벗기는 데에 그치는 것과 무엇이 다를까?"

이것이 현재 일반 학생의 공부 모습입니다.

Real Study를 하는 과정을 단계별로 보여드리겠습니다.

Step1 : 부수한 반복을 하자(자기 것으로 만드는 과정).

    ex. 구구단

- 아주 많이 힘든 과정
- 가장 많이 포기 · 중도 하차하게 되는 과정
- 책을 보다가 덮어버리고 하기 싫어지는 과정
- 이때 암기할 내용이 많거나 어려운 문제가 등장하면 바로 포기

Step2 : 응용력을 기르자.

Step3 : 실제 시험과 똑같은 상황에서 문제풀이를 하자.

- 실수 없는 상태
- 100점
- 문제출제자의 의도까지 간파하게 되는 경지
- 깨닫고 꿰뚫는 경지

대다수 학생들이 숙제를 공부라고 생각하고 있습니다. 하지만 실제로는 숙제를 공부로 이끌어내지 못하고 있는 것이지요.

처음시작부터 수동적 측면이 강한 숙제를 능동적 측면이 강한 공부로 상승시키는 경우는 매우 드물고 힘듭니다.

덧붙여, '반복'과 '생각과 고민'이 기본 밑바탕인 Real Study로의 상승전환으로 이어지게 하여 학생들에게 엄청난 효과와 결과를 보여줍니다.

02. Real Study의 모습

① 반복의 위대함

공부 방법 ① 단위별(주제별)의 내용을 제대로 이해하고 알아야 합니다.

공부 내용도 이해 못한 상태에서의 암기란 의미 없는 것일 뿐입니다. 교과서 · 참고서를 통해서, 학교수업 · 학원 · 과외 · 인강을 통해서 공부 내용을 이해하면서 알아야 합니다.

공부 방법 ② 반복을 위한 도구가 필요합니다.

처음에 몰랐던 내용을 알게 되고 깨닫게 되는 순간의 느낌이 반복학습을 했을때는 더 빨리 머릿속에 떠올라야 합니다. 이때 만들어 놓은 반복을 위한 도구는 시험장에서 불필요한 시간을 줄여주는 마법적 효과를 나타냅니다. 따라서 스스로 만든 노트야말로 처음 깨달음의 느낌을 그대로 상기시킬 수 있도록 해주는 멋진 도구입니다.

공부 방법 ③ 그렇게 만든 도구를 완전히 자기 것으로 암기해야 합니다.

학습 내용을 떠올리기 위해 애쓰지 않아도 바로 내용이 튀어나오도록 해야 합니다.

공부 방법 ④ 반드시 응용력과 시험 대처능력을 키우기 위해서 문제라는 형태를 접해보아야 합니다.

① ② ③의 과정을 정확히 했을 때, 문제풀이 시간과 과정은 재미로 다가오고 일종의 두뇌게임이 되어서 두뇌가 회전하고 있다는 느낌이 들 것입니다. 만약 ④번 과정을 무시하거나 소홀히 했을 때는 출제자의 함정에 속거나 쉬운 곳에서 실수를 범할 수 있으므로 주의해야 합니다.

공부 방법 ⑤ 위와 같은 과정을 반복합니다.

한 부분의 내용을 공부하는데 12시간이 걸렸다 하더라도 다시 공부하고 머릿속에 상기시키는 데에는 공부 과정에 의해 불과 30분도 안 걸리게 됩니다. 이때부터는 효율과 능률을 맛보게 됩니다. **Real Study**의 진짜 묘미를 느끼게 됨과 동시에 '나는 할 수 있다' 라는 새로운 생각과 자신감이 마음에 자리를 잡을 것입니다.

■ 자신만의 반복학습 방법

- 큰 소리로 읽기
- 손으로 쓰면서 공부하기

- 눈으로 보기
- 누군가를 가르친다는 생각으로 공부하기
- 내가 여기에서 시험문제를 출제한다면 이라는 상황 속에서
  공부하기
- 서로 묻고 답하면서 쉴 새 없이 소통하기

② Real Study 사례 i

아는 것과 **머릿속으로 재구성 하는 것**의 차이점을 반드시 구별하여 공부에 임합시다.

아는 것은 어느 파티에서 누군가를 알 때 쓰는 말입니다. 머릿속으로 재구성하는 것은 어느 파티에서 만나는 순서대로 다시 기억해내거나 자신의 친밀도에 따라서 다시 생각하면서 무슨 이야기와 약속을 했는지를 머릿속으로 떠올리는 것입니다.

아는 것은 수동적이지만 머릿속으로 재구성하는 것은 능동적이며, 기준에 따른 사건 연관성을 부여하기 때문에 매우 중요한 **Real Study** 가 됩니다.

　그래서 복습을 할 때 교과서나 프린트를 그냥 눈으로 보는 것으로 인식하는 학생이 대다수입니다. 그것은 가짜 공부이지 **Real Study**가 아닙니다. 이러한 **Real Study**에는 공부한 내용을 혹은 수업 들은 내용을 아는지 모르는지를 계속 테스트 해보는 것이 있는데, 이것이 매우 중요한 요소입니다.

③ Real Study 사례 ii

　더 구체적인 **Real Study** 활용 방법으로 **발상의 확대**와 **마인드 맵**을 해 봅시다.

　– 발상의 확대란?

　어떤 주제 혹은 개념에서부터 시작하여 관련된 사항들을 써보는 것입니다.

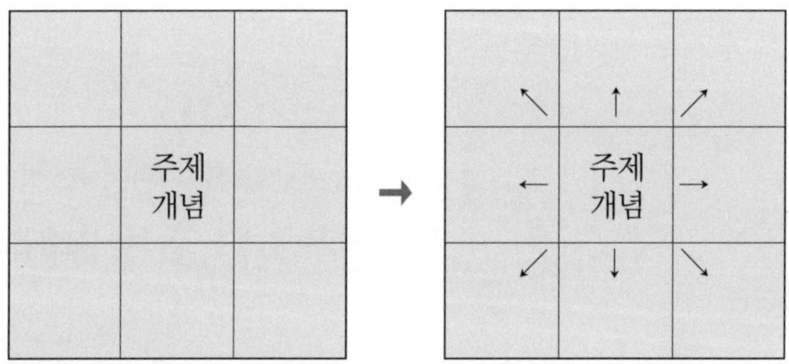

이렇게 아는 것에서 시작하여 관련된 사항을 하나씩 계속하여 써보
는 것은 머릿속으로 재구성하는 독특한 효과를 가져올 수 있는 Real
Study의 한 방법입니다.

– 더 확대된 학습 방법이 바로 **마인드 맵**입니다.

공부를 열심히 하다보면 많은 내용을 알고 있는 듯한데 실제로 뒤죽
박죽 엉켜 있다는 느낌이 들 때 활용해야 하는 Real Study입니다. 이
는 방대한 분량의 내용을 단 한 장의 종이에 나름대로 정리하고 연관시
키고, 사고의 확대를 가져다 줄 수 있는 나만의 학습법이 될 것입니다.

마인드 맵 만들기
예) 부정사 to + 동사원형

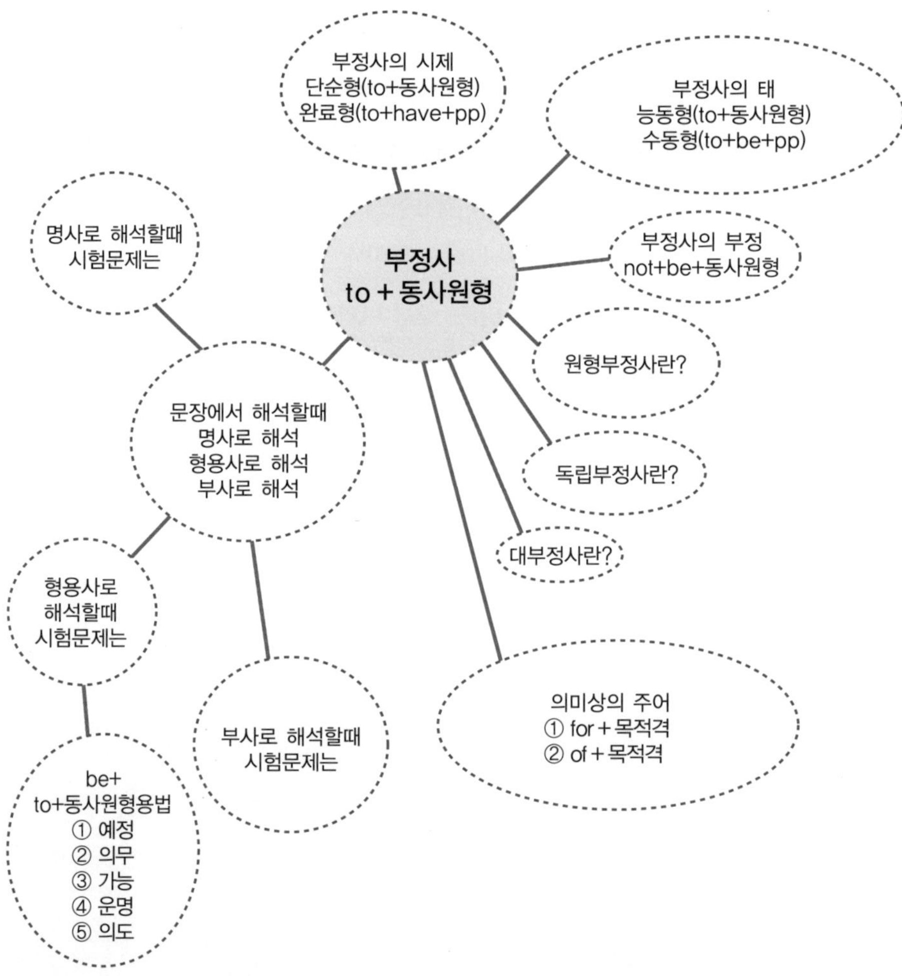
부정사의 시제
단순형(to+동사원형)
완료형(to+have+pp)
부정사의 태
능동형(to+동사원형)
수동형(to+be+pp)
명사로 해석할때
시험문제는
부정사
to + 동사원형
부정사의 부정
not+be+동사원형
원형부정사란?
문장에서 해석할때
명사로 해석
형용사로 해석
부사로 해석
독립부정사란?
대부정사란?
형용사로
해석할때
시험문제는
부사로 해석할때
시험문제는
의미상의 주어
① for + 목적격
② of + 목적격
be+
to+동사원형용법
① 예정
② 의무
③ 가능
④ 운명
⑤ 의도

Real Study를 진행할 때 반드시 알아야 하는 인지과학적 사실이 하나 있습니다. 바로 '에빙하우스의 망각곡선'이라는 것입니다.

이것은 시간의 경과와 잊어가는 양의 관계를 나타낸 그래프입니다. 일단 뭔가를 배운다는 생각이어도, 기억의 절반은 놀랍게도 한 시간 이내에 사라져버린다는 것입니다. 남은 절반은 그 후 조금씩 잊혀가지만, 두 번 세 번 복습하면 잊는 속도는 느려집니다.

에빙하우스의 망각곡선

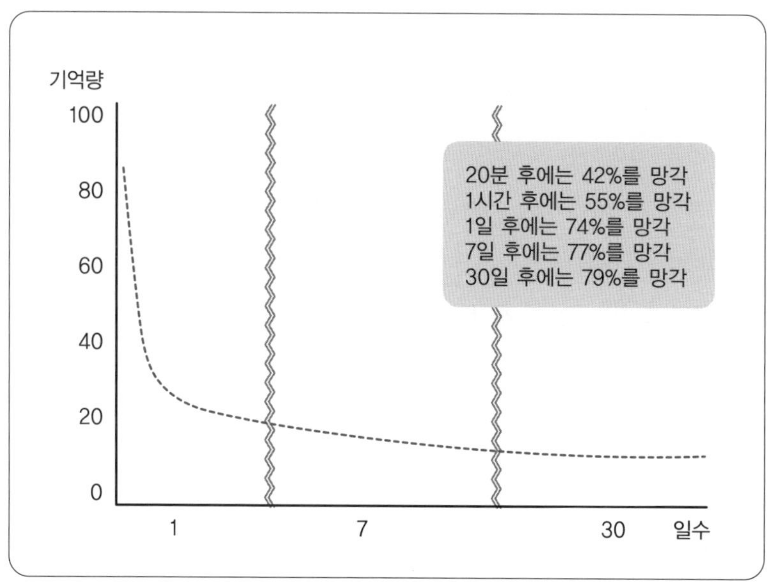

■ 복습 스케줄의 비밀 – 3 · 6 · 9

★ 3일 이내에 복습할 것
★ 6번 이상 반복할 것
★ 90점 이상 항상 확보할 것. 하지만 100점이 목표

④ Real Study 사례 iii

■ 영어 단어 암기와 실제학습의 실질적 도움의 형태

– 하루에 단어 50개 암기!
  이를 실천하는 자체만으로도 큰 도움이 됩니다.
  그러나, 실제 영어 실력향상에는 **도움 주기 40점**

– 하루에 단어 50개 암기! + 교재에 나온 반대어와
  유사어까지 암기!
  영어에 대한 개념 확정으로 도움이 됩니다.
  그러나, 영어 향상에는 **도움 주기 50점**

– 하루에 단어 50개 암기! + 교재에 나온 반대어와

　유사어 암기와 함께 예문 암기!

　영어 단어에서 문장으로 인식 전환이 이루어지면서

　언어라는 관점으로 영어 실력 향상에는 **도움 주기 80점**

　여기에 덧붙여서, 눈으로 공부하면 **도움 주기 +3점**

　　　　　쓰고 말하면서 공부하면 **도움 주기 +10점**

　　　　　쓰고 말하고 노트 정리까지 하면 **도움 주기 +15점**

⑤ Real Study 사례 ⅳ

■ 영어와 독서의 실제적 모습

– 영어 공부의 핵 'Real Study'

　하루에 단어 50개보다 하루에 **문장 50개보다 4배 이상**의 학습효과

• 물론, 초단위로 공부 시간을 체크하면서 하루 20문장에

　도전하기

• 학원 다니는 것보다 4배 이상 영어실력향상에 확신

• 누적학습의 극대치를 경험하도록 하라

– 책읽기 · 독서 : 가짜 공부 혹은, Real Study

가짜 공부

- 그냥 책을 읽는다.
- 한번 보고나서 책꽂이에 넣어둔다.

Real Study

- 차례를 보고서 독서한다.
- 사전으로 모르는 단어를 확인하고 독서한다.
- 정리한다.

    (한 줄 요약 혹은 A4 절반 크기로 요약)
- **마인드 맵 Real Study (최고의 방법)**
- 어린아이의 경우는 그림으로 표현하기

    (초등학교 2학년까지는 그림이 효과적)

⑥ Real Study 사례 ∨

■ 문제집을 통한 Real Study!

첫째, 여기서의 문제풀이란 단순히 답을 맞추는 과정을 의미하는 것이 아닙니다. 알고 있는 것과 모르는 것을 구별해야 하는 방법적 도구가 바로 문제집입니다.

더 구체적으로 모르는 것에
- 이해가 안 되는가,
- 응용이 안 되는가,
- 암기가 안 되어 있는가를 평가할 수 있는
효과적인 도구가 문제풀이입니다.

더 나아가 문제풀이는 고민의 시간을 늘리는 것입니다. 이것만 정확하게 제대로 하여도 그 학습효과는 120% 이상 높아질 것입니다.

둘째, 문제집을 통한 역발상 Real Study
- 내용이 정리된 것 같아서 다시 교과서로 보기가 따분할 때
- 왠지 알고 있는 내용이 더 많아서 문제로 부딪히고 싶을 때
- 교과서 내용이 쉬운 것 같아서 먼저 문제에 대처해 보고 싶을 때

위와 같은 경우에는 먼저 문제 풀이를 한 후에 다시 교과서 · 기본서를 공부하면서 중요한 부분과 모르는 부분을 정리해 가는 것 또한

괜찮은 Real Study입니다.

셋째, 모든 과목에서 문제풀이를 해야 합니다.

모든 과목에서 문제풀이 할 때의 최고의 방법에 대해 알려드리겠습니다.

type1 문제를 풀고 나서 스터디 트레이너가 가정에서 채점할 때 문제집에 표시하지 말고 틀린 개수만을 알려줍니다. 학생은 다시 풀면서 무엇이 틀렸는지를 곰곰이 생각하게 합니다.

무척 답답할 수도 있고 짜증날 수도 있습니다. 더욱이 학생들 이러한 형태의 학습에 익숙하지 않고 금방 채점 하는 o, x에 익숙합니다. 틀린 개수만 제시하는 학습은 우리 아이들에게 생각과 반복, 그리고 여유를 가져다 줄 수 있는 멋진 학습입니다.

- 다시 풀 때, 학생이 무엇 무엇이 틀렸다고 하면 그것에 대한 o, x만 정의해주고 일단 마무리를 한 뒤 노트에 기입하게 합니다(반복하는 공부, 생각하는 공부)
- 다음날 다시 틀린 문제와 새로운 파트의 문제를 풀게 하면서 오답만 따로 정리하도록 합니다.

type2 문제를 풀고 나서 스터디 트레이너가 채점할 때 문제집에 틀린 문항에 표시해 줍니다. 학생에게 일단 틀린 문제를 자신의 시험노트에 옮겨 정리하게 함으로써 그 문제에 대한 인식과 생각을 하도록 유도할 수 있습니다. 다음날, 다시 틀린 문제와 새로운 파트의 문제를 풀게 하면서 오답만 따로 정리하게 합니다.

type3 문제를 풀고 나서 바로 학생이 채점하고 넘어가는 방식은 가장 일반적인 유형이면서도 그다지 능률적이지도 효율적이지도 않는 공부 방식입니다. 분명 문제 푸는 시간은 Real Study에 속하는 것인데도 이렇게 하면 책을 보는 효용성이 매우 떨어지고 반복이나 틀린 문제에 대한 대응책이 부족하여 시간투자 대비 효과성이 매우 부족하게 됩니다.

⑦ Real Study 사례 vi

■ 자투리 시간의 활용은 Real Study의 최고의 방법

자투리 시간을 활용하여 Real Study로 연결시키는 효과적인 부분은
다음과 같습니다.

첫째, 버스 · 지하철 · 자동차 안에서
버스나 지하철로 이동하는 시간은 영어듣기를 할 수 있는 좋은 기회
입니다.

- 지금도 MP3에 듣기 파일을 넣어서 가지고 다니는 학생들이 많은
  데, 버스나 지하철을 탔을 때 적극 활용하도록 합니다. 모의고사
  듣기 문제도 좋고, 영어 단어도 좋습니다. 듣기는 많이 들으면 들
  을수록 는다는 것을 기억하세요. 등하교 시간에 매일 발생하는 자
  투리 시간에 꾸준히 하면 많은 효과를 볼 수 있습니다. 무조건 반
  응 실험처럼 습관화까지 시키는 것이 중요합니다.
- 휴대용 단어장을 이용한 단어 암기
- 문제집이나 학습지에 달린 핵심 미니북
- 공부한 내용을 머릿속으로 되새기고 암기하기 등의 방법

둘째, 걸어 다닐 때

내 머릿속에 입력되어 있는 암기과목 복습 시간으로 이용합니다. 한 마디로, 책을 보지 않고도 외울 수 있는가를 알아보는 시간으로 활용합니다. 머릿속에 생각나는 그대로 외우고, 내가 흐름을 잘 알고 있는가를 확인하는 것도 좋습니다. 또한, 한 키워드를 선택해서 그와 관련된 내용을 생각해보는 것도 좋습니다. 이때 책을 보지 않고도 브레인스토밍을 하듯이 떠올라야 합니다.

그러다 보면 분명 책에서 본 기억이 있는데 정확히 생각나지 않는 내용이 있습니다. 그런 것들은 나중에 개념서나 학습지를 보고 꼭 다시 확인합시다. 이런 습관을 들이면 내가 있는 부분은 완벽히 외우고 있는지, 어디를 잘 모르는지 확실히 알 수 있습니다.

셋째, 쉬는 시간·기다리는 시간

쉬는 시간은 수학문제 푸는 시간으로 활용합니다. 시끄럽기 때문에 아무리 노력한다고 해도 영어나 언어 지문을 본래 페이스로 집중하여 읽기 어렵습니다. 그러므로 상대적으로 적은 집중도를 요하는 수학 문제를 풉시다. 혹은 오답노트나 스크랩 등의 것들도 쉬는 시간을 이용해서 끝내는 것이 좋습니다.

넷째, 샤워 중

아마도 샤워 중일 때에는 자투리 시간 중 가장 집중도가 수직 상승하는 시간일 것입니다. 대부분의 학생들이 샤워 중 그냥 아무 생각 없이 보낼 것입니다.

이때는 반드시 하나의 주제물을 가지고 하는 것이 좋은데, 책이 전혀 없는 상태에서 지적 쇼크(공부 쇼크)를 제일 강하게 줄 수 있기 때문입니다. 따라서 가장 암기하기 어려운 부분이나 헷갈리기 쉬운 부분을 이 시간에 반드시 자기 것으로 만드는 **Real Study**를 경험하시기 바랍니다.

남는 시간을 활용할 때는 하루 종일 공부만 하겠다고 생각하면 곤란합니다. 너무 빡빡한 스케줄은 오히려 역효과를 불러일으키기 때문입니다. 하루 중 쓸데없이 낭비하는 시간을 좀 더 알차게 보내려는 마인드를 갖고자 노력합시다.

자투리 시간은 매일매일 정해져 있는 것이 아니므로 새로운 내용을 공부하기 보다는 배운 내용의 복습 정도로 활용하는 편이 좋습니다. 즉 한 과목 한 단원을 정해놓고 '오늘 자투리 시간에 틈틈이 공부해서 이 범위를 다 끝내야겠어!' 라는 식의 목표는 세우지 않아야 합니다. 그 시간에 맞는 특성을 가진 과목을 유연하게 선택해야 시간 관리의 진정한 주인이 될 수 있습니다.

실제 수업할 때 보면 참으로 이해하기 힘든 경우가 있습니다. 그리고 부모님들 또한 매우 안타까워하는 모습이기도 합니다. 다음 내용을 보면 무슨 내용인지 알 수 있을 것입니다.

알고 있어요.

그런데 그 내용을 구체적으로 써보라고 하면 쓸 내용이 없어요.

알고 있어요.

그런데 설명해 보라고 하면 아는데 설명은 잘 못하겠어요.

알고 있어요.

그런데 문제를 풀어보라고 하면 틀려요.

80점은 나오지만 90점은 못 넘어요.

위 모든 현상은 Real Study가 안 되어 있어 그러는 것입니다. 어쩌면 Real Study가 무엇인지도 모르기 때문입니다. 대다수가 가짜 공부로 착각하고 있는 것입니다.

제가 직접 겪은 3,653명 학생들의 사례연구를 보면 모두 같은 증상을 보였습니다. 그러나 Real Study와 가짜 공부를 구별하고 Real Study로 훈련시킴으로써 70% 이상은 공부 잘하는 체질로 변화되었습니다.

누구나 공부를 재미있고 즐겁다고 하지 않습니다. 그러한 공부를 하는데 있어서 핵심적 가치를 꿰뚫어 보세요.

1step : 책을 펼쳐보는 순간부터 '할까 / 말까'

　　　　자신을 통제해야 합니다.

2step : 어려운 문제를 풀고 많은 내용을 암기해야 할 때

　　　　'할까 / 말까' 자신을 통제해야 합니다.

3step : 시간이 경과함에 따라 끈기에 의해 '할까 / 말까'

　　　　자신을 통제해야 합니다.

4step : 좋은 노래도 3번이라고 했습니다. 그 이상 반복해야 하는

　　　　Real Study 과정에서 '할까 / 말까' 자신을 통제해야 합니다.

5step : 이제 공부가 끝난 듯해야 하는데 한 과목만 있는

　　　　것이 아니라 여러 과목을 '할까 / 말까' 자신을 통제해야

　　　　합니다.

자! 이러한 과정에서 공부는 우리에게 수단이자 도구입니다. 하지만 그 과정 속에서 얻어진 **자신에 대한 통제력**은 내 인생을 행복하게 만들어 주는 나만의 고유자산 입니다.

또 다른 예의 수업 상황을 보여 드리겠습니다.

학생의 교과서만 보아도 성적을 알 수 있습니다. '형규'라는 중3 학생이 있습니다. 전교 1등입니다. 이 학생 교과서를 보면 총천연색으로 표시를 해놓았습니다. 수업시간에 과연 형규가 무엇을 했는지 교과서를 보면 그냥 알 수 있습니다.

그런데 '찬수'라는 중3 여학생은 교과서를 보면 형규처럼 총천연색으로 되어 있습니다. 하지만 아주 큰 차이가 있습니다. 주로 만화나 인물들의 그림으로 꽉 차 있다는 것입니다. 아마도 그림을 그리느라고 수업 내내 무척 바빴을 것입니다.

찬수의 성적이 좋기를 바라는 것은 무리일 것입니다. 찬수가 학원에서는 열심히 공부하리란 생각을 할 수 없겠죠. 이렇게 하고나서도 성적이 안 나오면 심리 상담에다 학습클리닉까지 받고, 몇 십만원씩이나 주고서 학습 관리 매니지먼트까지 하고 있습니다. 그러나 이 모든 것들이 무슨 소용이 있겠습니까?

03. 현장에서의 감동적인 변화

수지　　중3 전교 47등에서 서울대 꿈을 이룬 수지

사업(건축업)을 하는 부모님과 언니(지방대 2학년)를 둔 수지를 처음 만난 것은 중3 겨울방학 막 시작하는 12월 말이었다. 중학교 내신성적은 전교 450명 중 47등. 별다를 것 없는 지극히 평범한 보통 아이였다.

다른 점이 있었다면 보통 부모님, 특히 엄마 손을 잡고 상담하러 오는 경우가 많은데 수지의 경우는 자신이 직접 의욕을 갖고서 찾아왔다는 점이었다. 수지와의 기본적인 상담 과정에서 자의식이 굉장히 강하다고 느꼈는데, 역시 의대 진학에 욕심을 가지고 있었다. 나는 '한 걸음씩' 전략이 가장 적절한 것이라고 판단하고는 큰 그림을 그리기 시작했다.

IQ는 지극히 보통이었다. 공부에 대한 자세는 뜨겁지도 차갑지도 않는 매우 일정한 온도를 유지하고 있었고, 중간고사나 기말고사 전에 보통 학생들은 학교시험 대비 중심으로 해달라는 등 또는 시험기간이니 일주일 동안 수업을 잠시 쉬겠다는 등의 모습을 전혀 보이지도 않고 365일 항상 똑같은 자세였다.

천지개벽 학습 프로그램을 돌입하면서 나는 제일 먼저 Real Study 시간을 체크하기 시작했다.

〈측정하지 않으면 개선할 수 없다!!
시간을 관리할 수 있는 사람만이 인생에서 승리한다!!〉

나는 이 문구를 핸드폰 바탕화면에 입력시켜 주었다. 그리고 이것이 체질화되는 순간까지 바탕화면 문구를 바꾸지 말자고 다짐해 두었다 (수지는 대학에 다니는 지금도 이 문구를 바탕화면에 두고 있다. 그래서 매우 놀랐다).

이 단계에서 Real Study 시간은 9시간에서 10시간을 유지하였다. 그러나 국어, 영어, 수학을 공부하는 데 있어 과목에 끌려 다니고 있다는 것이 천지개벽 프로그램을 통해 나타나기 시작했다.

두 번째 단계에서는 각 과목별 혼자 할 수 있는 수학과 과탐 영역을 철저한 실전 위주 학습체계로 전환시켰다. 본인 스스로도 혼자하기 어려워했던 국어와 영어는 담당 전문 선생이 1과부터 나가는 방식의 수업이 아니라 1과에서 수지가 모르는 부분을 중심으로 파고드는 방식의 수업으로 학습 효율성과 시험에 대해 정곡을 찌를 수 있도록 하는 프로그램을 진행했다.

그러자 정확히 5개월 차부터 효과가 나타나기 시작하면서 결과에 대한 성취감을 맛볼 수 있게 되었다. 그리고 올라가기는 쉽지만 유지하기는 힘들다는 전교 등수를 든든하게 유지해 주었다.

자신을 핸들링할 수 있는 경지에 이른 수지는 자신을 이겼으니 이젠 뭐든지 원하는 것을 이룰 수 있었다. 수지가 중요한 선택의 순간에 올바르고 정의로운 결정을 할 수 있는 아이가 되었다는 생각에 뿌듯하기만 했다. 지금 보고 있는 책들이, 눈앞에 펼쳐진 공부가 수지에게는 수양의 도구이자 해야 할 것과 하지 말아야 할 것을 구별하고 올바르게 판단할 수 있는 도구라는 것을 나는 새삼 느낄 수 있었다. 물론 수능 보기 하루 전날까지 와서 공부하는 아이들은 90% 이상 성공한다는 나의 예상도 적중하였다. 수지는 지금 서울대 캠퍼스에서 다음 목표를 향해서 열심히 그리고 진지하게 대학생활을 하고 있다.

천지개벽 시간관리 자율인지시스템 실시 전/ 후

실시 전	실시 후
① 국, 영, 수, 과학까지 모두 학원 수업 받음 ② Real Study 시간은 9~10시간 (과목에 따른 편차가 심함) ③ 각종 시험에 대비하는 공부가 중심	① 부족한 영, 국어만 철저한 맞춤 수업 ② Real Study 시간이 일정하게 11시간 이상 (과목별 시간 안배가 균형) ③ 각종 시험을 기다리는 공부 자세로 바뀜

중학교 우등생, 고1 세찬이의 우등생 되기 프로젝트

1학기 기말고사가 끝나고 나서 여름 방학을 맞이하기 전은 매우 어수선한 시점이다. 날씨 때문에 모두들 지쳐가고 있던 즈음에 세찬이라는 고1 학생이 엄마와 함께 첫 상담을 하러 왔다. 처음 보았을 때 정확히 공부에 대한 의지 50%와 현재 상황에 대한 불만 50%가 강렬하게 느껴졌다. 엄마식의 관리에 대한 본인 나름대로의 저항이 느껴졌었다. 엄마와의 일반 상담이 끝나고 나서 세찬이와 단독 상담으로 들어갔다.

초반전부터 깊이 있는 대화가 이루어지다가 갑자기 나에게 이런 질문을 던졌다.

"선생님, 지금 이대로 공부하면 서울대, 연·고대도 못 갈 것이 뻔한데 거기에 못 갈 것 같으면 공부를 아무리 열심히 한다고 해도 무슨 소용이 있나요?"

당돌하지만 가슴을 파고드는 현실적 질문이었다.

나는 세찬이에게 공부에 대한 의식은 있으나 그만큼의 결과는 전혀 뒷받침 되고 있지 않다는 점과 함께 공부의 진면목, 공부의 가치에 대한 의미를 정확히 모르고 있다는 진단 평가를 내렸다.

(아마 대다수의 학생들이 공부는 도구이고 수단이라는 것을 모르는 채 공부를 잘하면 서울대, 연대, 고대만 가는 보증수표(티켓) 정도로 인식하고 있는 실정이다)

중학교 때 학교 성적은 전체 470명 중에서 15등을 유지했었다. 고등학교에 와서는 평균 점수는 68점대, 수능 모의고사 점수는 4,5등급을 유지하는 안타까운 현실이었다. 게다가 영어, 수학 학원을 다니고 있었음에도 지금의 성적 결과를 받고 있으니 본인 스스로 인정하기도 싫었을 것이다. 이미 1학기 내내 자존심도 상하고 공부에 대한 애정과 미움이 함께 인식되어 가고 있는 중이었다.

이제부터 세찬이에게 **천지개벽 프로그램**을 확실하게 적용하여서

① 공부라는 것은 자기 자신을 올바르게 선택할 수 있도록 훈련하는 하나의 도구라는 사실을

(모든 선택의 상황에서 인간은 누구나 본능이나 보다 쉬운 것을 선택하려는 경향이 있다는 점. 아무리 가치가 있는 것이라도 그것을 선택하고 실천하기는 매우 어렵다는 점. 이러한 연속의 과정을 공부 속에서 요구한다는 사실. 그래

서 공부는 도구이고 수단이라는 점)

② 현재 성적이 나오게 된 가장 근본적이고 결정적인 사항이 무엇인지를 파악하게 하여 조금 더 빨리 본인이 자신감과 자긍심을 되찾을 수 있도록 하는 것이 우선이었다.

Real Study 시간에 대한 체크를 통해서 세찬이에게 아침 7시부터 저녁 10시까지 고등학교 생활 속에서 **Real Study** 시간이 기껏해야 2시간 30분에서 최대 3시간을 넘지 못하고 있다는 사실을 자신의 눈으로 파악했다. 순간 세찬이는 아무 말도 없었으며 허탈하기까지 한 모습이다.

대다수의 성적 불만 학생들은 그들 스스로가 알고 있을 것 같은 본인의 공부시간을 전혀 모르고 있을 뿐만 아니라 가짜 공부에 대해서 매우 관대하게 생각하고 이것을 **Real Study**라고 인식하고 있다. 뿐만 아니라 성적부진을 다른 요소에서 찾고 헤매다보니 시간 낭비만 할 뿐이다. 공부에 대해 조그마한 불씨라도 있는 학생이라면 자기 스스로 시간관리 자율인지 시스템이 작용하여 놀라운 향상을 이끌어 낼 수 있다는 것이 학생들에게 끊임없이 확인하는 부분이다. 이것은 '공부 못 하는 습관'에서 '공부 잘하는 습관'으로 나아가는 교두보와 같은 사항이다.

더욱이 지금 세찬이의 경우는 과목에 대해서 스스로 할 수 있는 것과 스스로 할 수 없는 것에 대한 경계가 매우 모호하기 때문에 이런 경

우에 문제집을 중심으로 시작하여 개념을 완성하는 공부 방법이 효과
적이고 현재 학원 수업은 전혀 도움이 되지 않는다는 사실이 내가 내
린 결론이었다. **천지개벽 프로그램**을 통해서 세찬이의 문제를 객관적
으로 판단해 새로운 학습도움을 받도록 연계하여 시작하였다. 세찬이
는 기특하게도 수업 중 '시간을 지배하는 사람이 자신의 인생을 지배
한다' 라는 말을 모든 노트와 책머리에 써 놓았다.

물론 이런 경우 여름방학과 함께 모질게 체질변화를 시행했기 때문
에 불과 4개월 만에 중간고사에부터 성적 향상이 이루어졌고, 수능모
의고사 성적은 7개월 후부터 나타나기 시작하였다. 그리고 지금도 그
성적을 유지하기 위해서 매일매일 본인을 다듬고 올바른 선택을 바로
실천에 옮길 수 있는 아이로 성장하고 있다.

천지개벽 시간관리 자율인지시스템 실시 전/ 후

실시 전	실시 후
① 중학교 때 성적에 자부심이 있었다.	① 고등학교 공부가 진검승부이다.
② 중학교는 약간의 공부스킬로도 성적이 매우 잘 나왔다.	② 고등학교 공부는 Real Study시간 확보에 달려있다. (과목별 시간 안배가 균형)
③ 그냥 학원을 다녀도 성적이 나오더라.	③ 정확한 수업이 아니면 도움이 안 되더라.
④ 공부는 성적에 따라서만 판단되더라.	④ 공부는 올바른 선택과 실천을 할 수 있게 만들어주는 도구이자 수단
⑤ 성적이 좋으면 칭찬받아서 좋더라.	⑤ 성적은 나의 생활에 대한 평가이고 자아실현을 이끌어 주는 디딤돌

민우   놀기만 좋아하는 중2 민우의 천지개벽공부법

2학기 중간고사가 끝나고 가을에 엄마와 함께 손을 잡고 온 민우는 약간 놀고 있다는 느낌이 드는 중2 남학생이었다. 외아들에 크게 부족함이 없이 자랐고, 외모도 잘생겨서 여학생들에게 인기도 많았다. 그러나 예상대로 학교성적은 하위권이었다.

민우와 처음 일반상담을 하는 과정에서 의아했던 점은 성적에 대한 부끄러움이 없다는 것이었다. 오히려 나름의 자신감도 있었는데, 과연 그 자신감이 어디서 나오는 것인지 궁금했다.

이상할 수도 있겠지만 하위권 학생들의 공통점은 자신의 점수를 너무도 쉽게 인정한다는 것이다. '행복은 성적순이 아니라는 신념'이 강해서 일까? 시키는 것은 하지만 결과에 대해 크게 기대하지 않는 것이다. 그리고 여러 가지 자기 합리화가 되어 있으며, 넘치는 에너지를 다른 곳에 몰두하는 성향을 보이곤 한다.

그런데 민우는 "공부를 하지않아 그렇지 하면 잘 나와요"라는 자신의 말처럼 자신감도 있어 보였고, 그동안 학원이나 과외에 많이 노출되지 않았다는 점도 마음에 들었다. 한마디로 하얀 백지였는데 '여기에 어떤 그림을 그리느냐에 따라 많은 것이 달라지겠구나' 하는 생각이 들었다.

아이들이 모든 과목을 잘할 수는 없다. 특히 중하위권 아이들의 경우는 특히 과목 점수가 고르지 못하다. 따라서 제일 먼저 흥미도 있고 자신이 좋아하는 과목을 공부하게 되는데, 그 탄력을 이용해 자신 없는 과목을 스케줄하고 다시 좋아하는 과목으로 세팅하는 강성효과가 가장 효과적인 방법이다.

민우의 경우는 처음 **천지개벽 프로그램**을 도입할 때 Real Study 시간 측정부터가 가장 큰 어려움이었다.

민우는 책을 보는 것, 숙제하는 것, 깜지 쓰는 것, 수행평가를 준비하는 것을 Real Study로 인식하고 있었으며, Real Study에 대한 개념 자체가 머릿속에 없었다.

이 경우에는 내 스스로가 또 다른 그림자가 되어 본인이 거울처럼 항상 보게 하는 쇼윈도 팔로우가 필요했다.

민우의 시간 체크를 구체화하기까지는 2개월이 소요되었다. 이 과정에서는 공부방법론에 대한 강의나 이야기보다는 Real Study에 바로 돌입할 수 있도록 습관화, 체질화를 시켜 주는 것이 가장 중요하다.

물론 2개월 내의 Real Study 시간은 지금에 돌이켜보면 하루 2시간 혹은 3시간 미만으로 나오는 것이지만 이것 또한 시간 체크하고 측정해 봄으로써 본인 스스로가 '이렇게 해가지고는 내 자신의 아무런 발전이 없다'는 것을 깨닫게 된다. 그리고 이 순간부터 Real Study 시간이 수직으로 상승하여 6, 7일째부터는 Real Study 시간이 매일 8시간 이상 확보됨으로써 국어, 영어, 수학뿐만 아니라 다른 과목까지 예습, 복습할 수 있는 획기적인 터닝 포인트를 본인이 경험하게 된다. 이때부터 공부는 민우에게 전혀 다른 모습으로 다가왔다.

이러한 탄력에 힘입어 혼자 할수 있는 과목은 집중적으로 열공할 수 있게 하고, 혼자할 수 없는 과목은 심도 있는 맞춤수업을 하였다. 공부에 재미를 더하여 얻은 시너지 효과가 상상을 초월하게 되었다. 물론 편차가 있었으나 1년 동안 몸에 체질화시킨 '공부 잘하는 습관'이 자리매김하는 순간부터는 스스로 자신을 마음대로 핸들링할 수 있게 되었다.

천지개벽 시간관리 자율인지시스템 실시 전/ 후

실시 전	실시 후
① Real Study와 가짜 공부조차 구별 못함 ② Real Study 시간은 2~3시간 ③ 할까 / 말까' 반복되는 무승부 게임	① Real Study란 개념이 확실하게 됨 ② Real Study 시간이 8시간 이상 확보됨 ③ 한다는 쪽으로 치우치는 완승 게임

승찬　우물 속 공부법을 이겨내고 더 큰 세상으로 나온 중3 승찬이

지금도 잊혀지지 않는 학생이 있다. 중3 겨울방학 때 가장 많은 상담을 받았던, 자신만의 캐릭터가 강한 승찬이라는 학생이었다. Real Study 관리법을 듣고 공부하고 싶어서 왔는데, 중3 때까지 성적은 전교생 480명 중 10등이었단다.

첫인상 (학생) – 눈빛은 살아 있지만 말이 없다.
첫인상 (엄마) – 매우 적극적이며, 누구보다 아이상태에 대한 정확한
　　　　　　　파악을 하고 있었다.

첫 상담 때 승찬이는 거의 한마디도 없었다. 대신 모든 것을 다 듣고 흡수하는 스타일이었다. 그리고 본격적으로 공부에 들어가면서 자신만의 세계에 빠져 있다는 것을 파악하게 되었다. 자신만의 세계를 무척 깊었고, 그 누구도 함께 하려고 하지 않았다. 심하게 말하면 자폐증 전 단계에까지 가 있는 상황이었으며, 이것이 생활에서는 말이 없는 것으로 표현되었다.

오랫동안 학생들과 부딪쳐오면서 대응방법과 해결책을 제시했던 나

는 공부뿐만 아니라 승찬이가 보는 세계를 확장시키고 넓혀주고 싶었다. 그래서 비공개적으로 전문의의 조언까지 받아 (물론 병원에는 데려가지 않았지만) 같이 공부하면서 치유도 함께 하고 싶은 생각이 강하게 들었다. 더욱이 첫 상담부터 승찬이가 나에게 의지하는 모습이 느껴졌기 때문에 더욱 함께 극복하고 싶었다.

일단 승찬이는 생활자체가 매우 불규칙적이었다. 첫 단계에서는 본인 스타일에 대한 자긍심도 강해서 **천지개벽 프로그램의 도입**이 무척 힘들었다. 진짜 공부에 대한 개념은 어느 정도 있었지만 공부 시간 체크에 대한 거부감이 있었기 때문에 그에 대한 많이 필요했다.

"승찬아! 일단 너의 **Real Study** 시간을 귀찮더라도 체크하면서 공부해보자!"

"선생님, 왜 그런 시간을 체크해야 하나요? 일단 그 체크하는 시간이 아깝고 오히려 정신만 산만하게 하는 것 같아요. 지금처럼 그냥 공부하면 더 효과적이고 능률적인 것 같아요. 저는 시간 체크 안 하고 싶어요."

이렇게 우리는 서로 대치하면서 무려 16일이나 보냈다.
이때, "무작정 이것이 좋은 것이니까 해 봐!"

"남들도 그렇게 했으니 너도 한 번 해 봐" 식의 대화는 아무런 변화를 가져다주지 못한다. 뿐만 아니라 오히려 시간 체크에 대한 거부감만 더 크게 득보다 실이 많다. 그러므로 이런 식의 접근은 절대 금물이다.

17일째 되는 날, 함께 수행평가를 위해 인터넷 검색을 하다가 승찬이가 게임을 하고 싶다고 해서 "그럼 시간을 정해서 그 시간에 마음대로 해라. 단 시간은 20분이다" 하고 정한 다음 초시계를 이용해 시작과 끝을 정했다. 승찬이는 누구의 제지도 없이 스스로 20분이 되자 시계를 체크하고 다시 공부에 돌입하였다.

이때 나는,
"봐, 승찬아. 서로 시간을 체크하니까 어때? 쓸만하지?"라고 했는데, 이 말 한마디가 승찬이를 **천지개벽 프로그램** 첫째 단계인 시간체크하기에 돌입하게 만들었다.

승찬이가 가장 먼저 극복해야 할 점은 공부하다가 순간순간 자신만의 세계에 몰입하는 것이었다. 그 시간이 얼마나 큰지 본인도 놓치고 있었는데 **천지개벽 프로그램** 작성 후 자기 자신의 모습을 본 승찬이는 180도 달라졌다. 그리고 기존의 공부 시간이 5시간에서 6시간인 것을 본인 스스로 측정을 통해 인식하게 됨으로써 **시간관리 자율인지 시스**

템이 작동하게 되었다. 이때부터의 시간 확보를 위한 승찬이의 노력은 가히 상상을 초월했다. 몇 분 몇 초가 마치 황금인 양 시간 확보를 위해서 전력투구했고, 날마다 그 시간을 스스로가 갱신하기 위해 부단한 노력을 했던 것이다. 그리고 이는 **Real Study**에 푹 빠지고 있다는 충만감과 함께 90분 수업을 통해 얻어지는 성취감을 맛보게 하여 자신감으로 이어졌다.

그 결과 오히려 승찬이의 시간 스케줄을 보면서 일찍 재우고 싶을 정도였다. 공부에 치중하여 시간가는 줄 모르는 현상이 일주일에 3번 이상 나타났기 때문이다. '공부는 자신을 핸들링하는 도구'라는 신념 속에서 학습 지도를 원칙으로 하는 나의 영향으로 승찬이는 그 경지에까지 이르게 된 것이다.

아무리 할 것이 많더라도 반드시 12시 30분에서 1시까지는 잠자리에 들어 컨디션을 확보한다는 나의 공부 신념을 가지고 있다. 승찬이도 공부가 하루의 것이 아니라 장기전이라는 깨달음을 얻고 눈을 뜨고 있는 시간에서 최대한 시간을 확보하는 노력을 실천하고 있다.

천지개벽 시간관리 자율인지시스템 실시 전/ 후

실시 전	실시 후
① 공부 시간 측정 자체에 대한 거부감 ② 듣는 수업 중심 / 앉아있는 수업 ③ 편차가 있는 공부 시간	① 하루하루 공부 시간 기록 세우기 위한 스스로의 시간 확보게임에 돌입 ② 자신이 주도하고 발표하는 중심의 수업 ③ 넘치는 공부 시간 확보

정준   고등학교 수업을 적응하지 못했던 고1 정준이

1월에 고1 신입생 상담이 들어왔다. 대개 이 경우는 이미 팀이 짜여져서 새로운 학생을 받을 수 없는 상황이지만 먼저 부모님과 학생과의 상담을 무척 중요시하는 나름대로의 교육관 때문에 시간을 쪼개서 상담을 하였다.

먼저 중학교 최종 성적은 전교 500명 중 4등이었으며, 첫인상은 학구파라는 느낌과 모범생이라는 느낌이었다. 이런 경우에 팀 조절을 통해 합류의사 혹은 혼자라도 수업을 진행할 것인지를 서로 판단하여 공부시키는 것이 원칙이다. 중학교 성적이 좋아 어느 정도 공부 습관이 들어 있겠다 생각하고 **천지개벽프로그램**을 바로 들어갔다.

첫째 주 수업이 끝나고 나서 두 번째 주 수업이 들어갔는데 정준에 대한 노란 경고등이 들어오기 시작했다.

첫째, 공부시간이 매우 적다는 것,

둘째, 고등학교 공부를 중학교 때처럼 생각해서 자신의 것으로 소화시키지 못한 소화불량 상태라는 것,

셋째, 중학교 성적에 걸맞지 않게 자신만의 공부방법이 전혀 없다는 것이었다.

그래서 공부 시간 스케줄링을 좀 더 세밀하게 접근하기 시작하였다.

정준이의 문제는 하루 중 국, 영, 수에 대한 공부 시간의 불균형이 매우 심하다는 것과 한 과목 공부 시간이 한 시간을 넘지 못하고 자꾸 과목이 바뀐다는 점이었다. 물론 전체적 공부 시간은 10시간 확보에 성공했지만 그 내용을 살펴보니 공부에 깊이가 전혀 없었다. 국어 공부를 하다가 1시간도 안 되어 수학 공부하고, 그러다가 다시 영어 공부

하는 방식으로 하는 것이었다.

이런 경우 중학교 과정까지는 전교등수가 5등까지 나올 수 있다. 하지만 정준이는 고등학교 과정에서는 심화공부를 하지 않으면 절대로 80점대에서 벗어날 수 없다는 점을 전혀 모르고 있었다. 더욱이 과목이 변하는 시점이 스케줄에 따른 것이 아니라 본인의 한계점을 넘지 못한 채 바꿔버린다는 점이었다.

즉, 수학 공부를 하다가 어려운 문제가 나오면 영어 공부로 과목을 바꾸고, 영어 공부를 하다가 암기할 내용이 많이 나오면 국어 과목으로 바꾸는 식의 수박 겉핥기 공부를 했기 때문에 노력 대비, 공부 시간 대비 효과성과 능률성은 거의 제로에 가까웠다.

하지만 책상에 앉아 있는 모습만을 살펴보는 엄마가 보기에는
"우리 아들 정말 열심히 하는구나" 하고 흐뭇해하실 것이다.
이것이 오산이다. 착각이다.

이러한 공부 습관에 길들여져 있는 정준이의 체질 바꾸기 위해 **천지개벽공부법**을 이용해 성공하기까지는 정확히 8개월 15일이 걸렸다.
아이를 믿고서 눈앞의 결과보다는 먼 장래를 생각해 준 부모님 또한

고맙다.

이런 경우 대부분의 부모님들은 신뢰보다는 투자 대비 성과가 미비하여 왜 이렇게 빨리 성과가 나오지 않지 하는 생각으로 인하여 학원이나 과외쇼핑으로 돌아다니기 바쁘다. 아이에 대한 믿음 그리고 선생님에 대한 신뢰는 이 세상에 괜찮은 아이를 한 명 새롭게 만들어낸다.

재식 내신 성적 9등급 고2 재식이의 의사 선생님 되기

교육 현장에서 학생들과 울고 웃다 보면 꼭 기억에 남는 일이 있기 마련이다. 우리의 삶에서 파노라마가 스쳐지나가면서 정지화면처럼 남는 깊고 인상적인 장면처럼 말이다.

고2 신학기 때 만난 재식이의 당시 내신 성적은 9등급!
첫 상담부터 어떻게 해야 할지 정말이지 큰 고민을 안겨준 학생이 바로 재식이다. 재식이는 엄마가 아닌 아빠와 함께 상담하러 왔다. 재식이는 문제아도, 머리가 부족한 아이도 아니었다. 심리적으로, 가정

적으로도 문제가 없는 맑고 순수한 학생이었다. 그런데 성적은 9등급
이라니! 아빠가 상담을 하고 먼저 나간 뒤 일단 재식이와 깊이 있는 대
화를 해야겠다는 생각이 들었다.

첫째로는 스스로 자기 나름의 원인 분석이 되었는지가 관심이었고,
둘째로는 이 학생의 목표 대학이 너무나 궁금했기 때문이다.

나 : 재식아, 무슨 대학이 가고 싶어?

재식 :의대요!!

    (나는 '왜?' 라고 물어보고 싶었지만 일단 화제를 잠시 바꿔

    우회적으로 물었다)

나 : 그럼 혹시 친구들과 대학 이야기를 해봤니?

재식 : 네. 이야기했어요.

나 : 그럼 네가 의대에 간다고 하니까 친구들은 뭐라고 하는 것 같아?

재식 : 친구들이 웃어요.

나 : 그랬구나!

    (잠시 시간을 갖고 나서 진지모드로)

나 : 정말 의대가고 싶니?

재식 : (주저 없이) 네.

나 : 됐어.

재식이는 결심이 확고했다. 다만 공부에 대한 방법을 모른다는 것

과 실천이 안 되었다는 문제가 있었다. 결심이 확고하다면 충분히 학생을 바꿀 수 있다.

수능까지 2년도 채 안 남은 상태였다. 그리고 당시의 내신 성적으로는 가망이 없다는 것이 정확한 판단이었다. 그래서 나는 수능성적으로만 입시사정을 하는 곳을 향해 뒤로 돌아보지 말고 같이 뛰어야겠다고 다짐했다.

천지개벽이 일어날 만큼 변화는 정말 절실히 필요했다. 먼저 공부 잘하는 체질로의 변화가 급선무였다. 그런데 재식이는 목표와 꿈이 명확했기 때문에 지속적 불씨를 살려 **Real Study** 모드로 돌입할 수 있었다. 갈등은 있었지만 점점 체질이 변화하기 시작했다. 그때부터 혼자 할 수 있는 과목과 혼자 할 수 없는 과목을 철저하게 나누어서 자신의 공부 속도를 철저하게 파악하는 작업에 돌입했다.

재식이가 풀 수 있는 문제의 수, 30분 내에 재식이가 암기할 수 있는 단어의 수 등등을 체크한 후 나는 학교에서는 혼자할 수 있는 과목 위주로 야간자율학습까지 시키고 그 후에는 혼자할 수 없는 과목을 조목조목 지도하면서 재식이의 가슴 속 불씨를 활활 타오르게 했다. 이 학습법은 비가 오나 눈이 오나 하루에 13시간 이상씩 **Real Study** 모드로 이끌어 줄 수 있는 방법이다.

　이런 과정을 거치면서 나는 마음이 찡한 장면을 보게 되었다. 공부를 하기위해 엄마와 함께 차에서 식사를 하고 오는 모습이었다. 그것도 항상 그랬던 것이다.

　재식이는 확고한 목표가 있어!

　단지 항로를 찾지 못했고, 실천으로 있는 부분이 약했던 거야.

　하지만 이것은 방법론이기 때문에 극복할 수 있어.

　또, 극복해야만 진짜 멋진 의사가 되고, 그렇게 되면 황재식이라는 인생이 행복할 거야.

　언제나 재식이를 응원했던 말이다.

　지금 재식이는 정형외과 전문의로서 올해 군의관 마지막 해를 보내고 있는 멋진 의사 선생님이다.

사례 1

'한국스터디트레이닝연구소'는 1992년 정영출 선생님이 대학 3학년 여름방학 때 비평준화 지역(고등학교를 진학할 때 그 지역 자체적으로 입학시험을 치루고, 그 성적에 따라서 학교 진학을 하게 되는 지역)에서 처음 중3 입시생 3명과의 만남에서부터 시작되었습니다.

상준이와 미진이, 준수는 그 지역에서 가장 좋은 고등학교를 가고 싶었으나 성적은 평균 점수가 10점 이상 부족한 상태였습니다. 부모님들의 소개로 만났는데, 5개월 남은 시간으로는 기존의 학원 공부로 점수를 회복하기에는 역부족이라는 사실을 인식하고서 정영출 선생님을 통해 터닝 포인트를 만들고자 하였습니다.

이 학생들과의 첫 만남에서(지금도 그렇지만) 제일 중요한 요소는 정확하고 섬세한 판단입니다. 즉 자신들이 진짜로 원하는 고등학교에 가고 싶은 것인지, 아니면 부모님에 의해 강요된 것인지에 대한 판단을 하는 것입니다. 왜냐하면 이런 경우 합격뿐만 아니라 합격 후의 모습도 고려해야만 하기 때문입니다. 같은 실력의 또래가 모인 특성을 가진 고등학교에서는 자신감과 공부 탄력을 고려해야만 선두그룹으로 진입할 수 있지, 그렇지 못하면 3년 내내 힘든 상황이 연출되기 때문입니다.

다행히도 그들은 각자 고등학교에 대해 진지하게 생각하고 있었습니다. 그리고 공부 방법과 준비 과정의 부족은 **Real Study**를 통해 충분한 시간확보를 하여 기대 이상의 결과를 얻었습니다. 이것이 지금의 천지개벽 프로그램이 만들어지게 된 시작점입니다.

지금 상준이는 세무전문 변호사, 미진이는 약사, 준수는 정형외과 전문의로 성장하였습니다. 소중한 꿈과 뜨거운 열정이 아이들의 인생을 바꾸어 놓은 것입니다. 그리고 정영출 선생님은 해마다 좋은 결과를 만들며 한국스터디트레이닝연구소를 통해 더 많은 학생들과 호흡하면서 학생들의 터닝 포인트를 만들어 주고 있습니다.

사례 2

지금 이화여대에서 열강 중이신 박 교수님의 터닝 포인트를 말씀드리겠습니다.

강원도가 고향인 박 교수님은 전형적인 농촌의 1남 2녀 중 막내아들로 태어나셨습니다. 힘들더라도 교육만큼은 서울에서 하겠다는 부모님의 의지로 누나들과 함께 초등학교 때부터 서울 유학을 왔습니다. 마냥 노는 것만 재미있고 학원이나 과외는 생각도 하지 못한 채 초등학교 4학년까지의 시간을 보냈습니다.

어느 날 큰누나가 선생님께 물었습니다. 초등학교 4학년 중간고사 무렵이었습니다.

"네가 제일 갖고 싶은 것이 뭐니?"

"자석이 있는 필통을 갖고 싶어."

"그럼 이번 중간고사에 평균 90점이 나오면 원하는 것을 사줄게."

자석 필통을 갖고 싶은 어린 마음에 교수님은 정말 최선을 다해 열심히 공부를 하였고, 그 결과 93점을 받았습니다. 물론 큰누나는 약속을 지켜 자석필통을 선물로 사 주었습니다.

갖고 싶던 자석 필통을 선물로 받은 초등학교 4학년생은 성취감에 공부가 슬슬 재미있어지기 시작했습니다. 그리고 이는 공부에 대한 확신을 갖게 되는 터닝 포인트가 되었습니다. 이후 고대를 졸업한 뒤 미국 유학을 거쳐 이화여대에서 후학을 가르치는 교수님이 되었습니다.

교수님은 말합니다. 공부를 잘하게 된 계기는 바로 작은 자석 필통이
라고.

10,000시간의 비밀!

과목에서 요구하는 절대적 시간이 존재한다는 것을 인식하자!

　독일의 다니엘 레비튼 박사 연구팀이 베를린 뮤직 아카데미에 재
학 중인 바이올린 전공 학생들을 대상으로 지금까지 바이올린 연주
연습 시간을 조사해 보았다. 그 결과 공통적으로 총 1만 시간을 넘게
연습한 것으로 나타났다.

　바이올린 연습시간이 1만 시간을 넘는 사람도 있었고, 최저 시간이
1만 시간이었다는 것이다. 이와 함께 베를린 뮤직 아카데미에 입학한
지 못한 학생들의 바이올린 연주 연습 시간은 8,000시간 이내로 분
포되어 있는 것으로 조사되었다.
　이는 입학한 학생과 그렇지 못한 학생들과의 절대적 시간이 현저
한 차이를 보이고 있음을 나타내는 것이었다.

또 하나, 한 언어인지 연구팀은 어느 나라든지 모국어를 체득하는 절대적 시간이 11,680시간이라고 발표하였다. 이에 따르면 우리가 아무런 지장 없이 편안하게 구사하고 있는 한국어 또한 갓난아이 때부터 시작한 한국어 언어 환경에서 만 4세가 되는 시점(11,680시간)이 되었을 때 유창하게 구사하게 된다는 사실이다.

이와 같이 반드시 요구되는 절대적 시간을 노력도 하지 않는 상태에서 책 타령, 수업 타령, 환경 타령으로 방향을 돌린다면 항심을 피해가고 있는 것이다. 저기 달을 가리키며 보라고 하는데 왜 손가락 끝을 보고 있단 말인가.

04. 시험이야기

■ 시험 후의 모습

시험을 보고 나서 학생들과 상담해보면 크게 세 부류로 나누어집니다.

첫째 : ^-^* (만족)

둘째 : 시험 볼 때는 생각이 안 났는데, 지금 보니까 알겠어요.

셋째 : 처음 보는 문제네요. 그리고 답안지를 봐도 무슨 소리인지
 잘 모르겠어요.

■ 시험의 또 다른 마력 ①

시험을 보고 나서 학생들은 두 부류로 나누어집니다.

그 기준은 바로 '점수' 입니다.

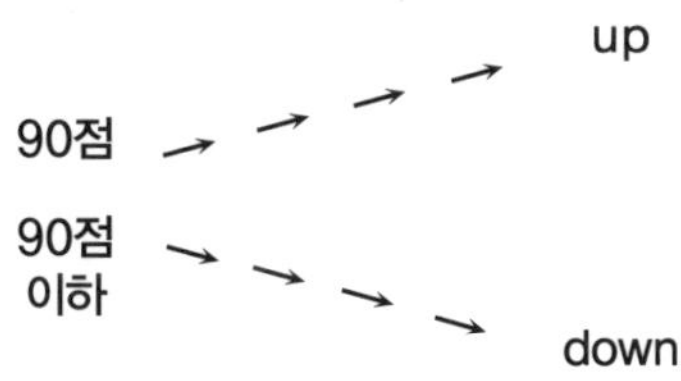

특히 이 경우에는 실력적 측면에서 down이 아니라 심리적 측면에서의 down이며, 상승곡선 또한 같은 개념입니다.

■ 시험의 또 다른 마력 ②

교육현장에서 살펴보면 초등학생 3·4·5·6학년이든 고등학생이든(90점 이상 획득 가능한 준비된 응시자들에게) "경시대회에 응시해보자"라고 하면 처음에는 "안 나가요!", "싫어요!"라고 대답합니다.

하지만 충분히 준비된 학생들을 설득해 응시하여 좋은 결과가 나오면 그때부터는 적극적이 되어 본인이 먼저 "또 다른 시험 없나요?"라고 물어보는 상황으로 역전됩니다.

즉, 무엇이든지 준비가 되고 검증 가능한 시험에 결과를 맛보기 시작하면 그것에 의한 시너지효과는 상상 그 이상입니다.

그러나 준비가 안 되거나 덜 된 상태의 시험 평가는 오히려 심리적 측면에서 데미지를 입혀 더욱더 힘든 상황으로 이끌고 가게 되어 바람직하지 못합니다. 왜냐하면 시험은 실력평가뿐만 아니라 심리적 조절을 할 수 있느냐, 할 수 없느냐를 측정할 수 있는 도구이기 때문입니다.

■ 시험의 또 다른 마력 ③

특히 대학입시를 눈앞에 둔 고3 학생이라면 3월 모의고사 이후 누구나 "재수할까?"라는 생각을 갖습니다. 전교 1등부터 꼴등까지 모두말이죠.

그러나 어떤 학생은 하루만 생각하고 본래 모습으로 돌아오고

어떤 학생은 2~3일 동안 생각하다가 본래 모습으로 오며

어떤 학생은 계속 머릿속에 생각하면서 더 나아가 인터넷 검색을 하면서 기숙학원까지 알아보는 경우가 있습니다.

이 모두의 경우 공통분모는 심리적 대처방법에 따른 것이고, 시험이라는 현실적 상황이 만들어내는 인간의 갈등 모습을 볼 수 있다는 것입니다.

■ 게임 VS 공부

게임	공부
① 시작은 쉽고 재미있다. ② 컴퓨터 게임기 앞에 오래 앉아 있을수록 순간적 쾌감에 의존한다. ③ 컴퓨터 게임기를 끄고 일어날 때 피로와 함께 후회가 밀려든다.	① 시작은 재미없고 하기 싫다. ② 책상에 오래 앉아 있고 파고 들수록 무엇인가 알아가고 있다는 지적 느낌이 다가온다. ③ 책상에서 일어날 때 뿌듯함과 함께 <u>스스로</u>에게 대견함을 느낄 수 있다.

시험 전 긴장을 줄이고 오히려 기다리는 선수로 만들자!

무슨 시험이거나(쪽지시험부터 수능시험까지) 제대로 그리고 철저하게 준비된 상태에서의 시험은 약간의 떨림이 긴장감으로 이어지고 두뇌 활동이 활발해져서 멋진 결과를 가져와 자신감 충만으로 이어지면서 벌써부터 다음 시험에 대한 기대로 연결되게 해주는 바람직한 모습이 만들어집니다.

그러나, • 그냥 보는 시험

             • 준비 안 된 시험

             • 말 그대로 시험 삼아 보는 시험

위와 같은 모습은 결국 '공부 못하는 습관' 만들기에 크게 기여하여 변화하는 자신의 모습을 보는 것이 아니라, 정체되고 발전 없는 자신의 모습을 보게 됩니다. 이는 자신감 상실로 이어져 되돌릴 수 없는 악순환이 시작된다는 점을 꼭 명심합시다.

자신감 상실("그것 봐. 나는 해도 잘 안 되잖아.")은 가장 고치기 힘들고, 강력한 마이너스 역할을 하는 심리적 질병이 되고 맙니다.

그것도 아주 중요하고 결정적인 순간에 치명타를 줄 수 있는 심리적 질병으로 이어질 수 있는데, 이와 같이 되지 않도록 '공부 잘하는 습관'을 만들어야 합니다.

기대한다는 것은?
시험 볼 때 기대한다는 것은?

무언인가를 철저하게 준비가 된 경우에는 어떤 결과에 대하여 기대를 하게 됩니다. 또 그 기대 자체가 긴장감과 행복감을 가져다주는 즐거운 상호작용을 합니다. 그리고 무언인가를 준비해 온 과정과 노력을 보았기 때문에 그에 상응하는 기대라는 감정이 형성됩니다.

예를 들어 김연아는 그동안 노력과 준비 과정을 스스로 알고 있었고, 올림픽 금메달에 대한 열망이 있었기 때문에 금메달을 기대한 것입니다. 그리고 성취를 하고 나서 행복했던 것입니다.

여러분도 성적에 대한 기대를 한다면, 놀라운 결과를 원한다면 선행 조건을 먼저 충족시켜 주세요.

첫째, Real Study 시간을 체크하고 나서 그 결과에 따른 철저한 준비를 자율적으로 시행해 보세요.

공부 시간은 체크한다는 것만으로도 어려운 과정입니다. 리얼하게 자신의 공부 시간이 드러나기 때문입니다. 그러나 이 과정에서 공부에 대한 의식이 살아나면서 지속적으로 자율신경에 반응하게 될 것입니다.

둘째, 혼자 할 수 있는 과목과 혼자 할 수 없는 과목으로 나누어서 Real Study에 바로 몰입하세요.

혼자 할 수 없는 과목은 여러 형태의 도움을 받고 나서 탄력 있게 효율적으로 진행할 수 있는 현명한 방법을 모색해야 하기 때문입니다. 그러나 이로 인해 공부 자체에 대한 흔들림이 생기고 다시 공부방법론만을 생각하고 엉뚱한 방향으로 흘러가 버린다면 Real Study 시간을 확보할 수 없습니다.

셋째, 지금 성적이나 전교 등수에 따라 다를 수 있겠지만 Real Study 시간은 6시간 이상 확보하는 데 전력을 다하세요.

이는 결국 '공부 못하는 습관'에서 '공부 잘하는 습관'으로 체질이 변하는 신기한 현상을 느낄 수 있는 절대적으로 거쳐야 하는 과정입니다.

성적이나 공부는 '한 방'이 아니라 꾸준히 쌓여야 하는 것입니다. 이렇게 하기 위해서는 내 자신을 마음대로 내가 핸들링할 수 있는 경지에 이르도록 도와주는 훈련 과정이 필요합니다. 자기 자신을 선택의 기로에서 올바른 선택을 할 수 있도록 이끌어 주고 실천할 수 있도록 한다면 먼저 스스로를 정확하게 파악해야 합니다.

공부할 때 힘든 것 중 하나는 한 과목만 공부하는 것이 아니라 여러 과목들을 동시에 공부해야 한다는 점입니다. 이때 모든 과목은 과목마다 조금씩 공부성향이 다른 점이 있으므로 준비 과정상 차이가 있을 수 있습니다. 하지만 가장 능률적인 학습방법은 강성효과로 밀어부치는 것입니다.

끝으로, 무슨 일을 하더라도 시간 투자 없이는 아무것도 이룰 수 없다는 점을 명심합시다.

생각만으로는, 기도만으로는 이루어지지 않는다는 점을 반드시 명심합시다. 꿈이 있으면 꿈을 꾸지 말고 시간을 투자해야 합니다. 진짜 귀중한 내 시간을 투자하면서 실천해야만 원하는 모습으로 변화가 일어날 것입니다.

공부 방법에 대해 연구하기 전에, 새로운 교과 과목 책을 사기 전에 먼저 자기 자신이 얼마나 **Real Study**에 몰두하고 있는지를 알아야 합니다. 또 나의 귀중한 시간을 쏟아야 변화할 수 있고 공부 잘하는 체질로 바꿀 수 있다는 것입니다.

시험 볼 때 공부는 어느 정도 되어 있을까?

공부를 한다는 것은 공부로만 끝나는 것이 아니라 반드시 평가를 전제하고 있는 일련의 시스템을 말합니다. 그렇다면 어느 정도 Real Study를 했느냐가 평가로 측정될 수 있습니다. 얼마만큼 자신과의 선택과 결정의 싸움에서 이겼느냐를 평가로 측정될 수 있는 것입니다.

이 때 가장 흔한 객관식 문제로 예를 들어 공부 정도를 살펴볼 것입니다. 그리고 문제가 주어지고 ① ② ③ ④ ⑤번 보기를 고릅니다.

> Step Ⅰ　답을 못 찾는 것, 문제파악을 못하는 것
> Step Ⅱ　둘 중에 하나인 것 같은데 헷갈리는 것
> Step Ⅲ　딱 보는 순간 정답이 바로 나오는 것

■ 무시무시한 상상

① 시험 볼 때 실수란?

흔히들 실수도 실력이라는 말을 많이 합니다. 하지만 운전을 할 때의 실수는 누군가를 다치게 하거나 죽일 수도 있고, 내가 다치거나 죽

을 수도 있습니다. 따라서 공부할 때 실수의 습관화는 생활에서는 죽음을 가져올 수 있는 것입니다.

② 공부할 때 졸음은?

공부를 재미있게 혹은 스피드 있게 하지 않으면 바로 찾아오는 손님이 바로 졸음입니다(피곤해서 찾아오는 졸음은 반드시 휴식 취하기). 이 또한 운전할 때 졸고 있다고 가정해보면 끔찍할 것입니다. 우리는 습관적 행동을 하게 되어 있기 때문에 이 또한 여기에 속하는 것입니다.

05. Real Study에서 이해와 응용을 향한 공부 과정

① 이해와 응용을 위한 공부 과정

공부할 때, 또는 공부법을 소개할 때 항상 등장하는 핵심단어가 있습니다.

이해와 응용을 할 수 있어야 한다.

맞습니다. 그렇다면 더 구체적으로 이해와 응용이 될 수 있도록 하는 학습 방법, 공부 방법은 무엇일까요? 이 물음에 매우 적절한 사례를 하나 보여드리겠습니다.

유명한 화가 피카소가 유럽에서 자신의 그림 전시회를 열고 있었습니다. 이때, 전시장 안을 둘러보고 있던 피카소는 한 커플이 자신의 그림을 보면서 나누는 대화를 듣게 되었습니다.

남자: (여자친구에게)이게 뭐야? 나도 그릴 수 있겠다.

그 말을 들은 피카소는 바로 옆에서 캔버스에다 직접 고양이 그림을 그리기 시작했습니다. 그러자 그 커플을 비롯한 주변 사람들이 모여들어 피카소가 그리고 있는 고양이 그림을 보았습니다. 놀라운 것은 추상화가인 피카소가 그린 고양이가 사진보다 더 리얼하여 캔버스에서 바로 튀어나와 '야옹' 할 것만 같았다는 것입니다. 이를 본 남자는 조용히 그리고 감탄하면서 피카소의 그림을 경외심과 함께 관람하였습니다. 피카소는 모든 종류의 그림의 경지에 오르고 나서 추상화라는 영역에 집중하여 창조적인 작품을 그려냈습니다.

공부를 할 때 이해와 응용으로 가는 과정에 이르기까지는 기본적 사항에 대한 무수한 반복과 암기가 선행되어야 합니다. 그리고 그것에 멈추는 것이 아니라 이해와 응용 단계로 넘어가 우리 머릿속에서 마음껏 사유할 수 있도록 만들어야 합니다. 무턱대고 어느 과목을 공부할 때 처음부터 이해와 응용이 되는 것은 아닙니다. 진짜 공부의 신들로 추앙받는 옛 선인들이 왜 그렇게 책을 백번 이백 번씩 읽었겠습니까? 바로 이런 과정을 얻어가기 위한 노력이었습니다.

② 이해와 응용을 위한 공부 과정

더 나아가 최상의 공부법을 소개하겠습니다.

공부 과정을 체계적으로 살펴보면,

ⅰ 기본사항부터 무수한 반복과 암기가 선행되어야 함
- 철이 안 들었음 : 이때 이미 70% 아이들은 중도 포기
- 철이 들었음 : 이 과정을 마스터한 20%는 자기만족에서
  안주함

ⅱ 이렇게 학습된 내용이 이해와 응용 단계를 거쳐
  우리 머릿속에서 마음껏 사유할 수 있음
- 철이 들고 공부 잘하는 습관까지 들었음
  : 전국 랭킹에 진입 가능

ⅲ 이 모든 학습을 가지고 시험(학교내신+수능)을 마스터할 수
  있고, 토의 토론까지 할 수 있게 됨

ⅲ번 단계에는 우리가 꼭 명심해야 할 사항이 있습니다.

ⅰ번 과정과 ⅱ번 과정을 힘들게, 그리고 자신을 극복하면서 올라온 멋진 아이들이 ⅲ번 과정까지 소화해낼 수 있다면 이제부터 무대는 세계적인 것입니다.

우리나라는 교육에 대한 여러 가지 측면을 가지고 있습니다. 부정적 측면과 긍정적 측면이 바로 그것입니다. 그중 해상법 전문변호사를 하고 있는 친한 친구와 공부에 관한 이야기를 나누었습니다. 이 친구는 우리나라 엘리트 코스(명문고+서울대)를 밟고 현직 변호사로 근무하다

가 국제해상법 관련 전문 과정을 이수하기 위해 영국 옥스퍼드에서 강좌를 공부하였습니다. 이때 대학생들과 함께 공부하면서 가장 힘들었던 것은 무엇이었을까요?

수업시간에 주제를 가지고 토론할 때 현직 변호사인데도 밀렸다는 것입니다. 풋풋한 대학생들과 해상법 토론을 하는 시간에는 항상 곤욕을 치렀다는 것 입니다. 바로 이 점이 우리들이 신경 써야 하고 노력해야 하는 부분입니다.

미국 동부의 사립중학교 2학년과 우리나라 대치동 중학교 2학년의 공부 과정을 살펴보면 누가 뭐라고 해도 우리나라 학생이 두 수 정도는 위일 것입니다(여러분도 인정하시지요?). 모든 국제경시대회에서 상위권을 차지한다는 뉴스 보도를 항상 접하고 있으니까요. 그런데 대학과 대학원 과정을 거치다 보면 역전되고 맙니다. 왜 그럴까요?

바로 그네들의 공부는 토론과 토의까지 생각하는 과정, 그리고 표현하는 과정이 모두 포함되어 이를 당연시 여기고 이런 공부 습관이 박혀 있기 때문입니다.

하지만 우리에게도 한 줄기 빛과 같은 멋진 점이 있습니다. 어느 누가 우리나라 교육을 부정적 측면에서 침을 튀기며 이야기해도 긍정적이고 희망적인 면이 있다는 것입니다. 자, 보세요. 중학교까지 국내 교육을 그대로 이수한 학생들 중에서 소위 민사고에 진학한 우리 아이들이 불과 3년의 교육 과정을 통해 세계 일류 명문대에 입학할 뿐만 아니라, 그 대학에서 미국과 다른 나라 아이들을 누르고 당당히 이겨가는 과정을 보면 우리 교육은 희망적입니다. 이는 3년 교육 과정을 통해 원리 위주 학습과 토론, 토의 위주의 학습이 이루어낸 결실입니다. 이는 정말 감탄할만한 일입니다.

토론과 토의 수업은 우리가 궁극적으로 해야 하는 교육 과정입니다. 예를 들어 고등학교 선행수업을 받고 있는 중3 아이가 있습니다. 그런데 미적분에 대한 수업은 열심히 하지만 미적분에 관한 토론과 토의는 과연 할까요? 하지 않습니다. 아마도 99%가 모두 선생님 수업을 받아가기 바쁠 것입니다.

그렇게 열심히 받아간 수업은,

기본사항부터 무수한 반복과 암기를 통해 내 것으로 만들어서
이렇게 학습된 내용이 이해와 응용 단계를 거쳐 우리 머릿속에서 마음껏 사유할 수 있게 하여
시험뿐만 아니라 토의, 토론까지 표현하고 모둠 활동을 할 수 있도록 한다면 최상이라고 말해도 아깝지 않을 것입니다.

③ 교육 현장에서 가장 많이 받는 질문

교육 현장에서 가장 많이 받는 질문 중 하나는 이것입니다.

"학원도 열심히 다니고 집에서도 열심히 공부하는 것 같은데 왜 성적이 안 오르지요?"

물론 그 첫 번째는 'Real Study 시간'에 열쇠가 있습니다.

천지개벽공부법

두 번째로는 공부 방법에 의해 그 결과가 달라집니다.

개념 정리가 안 되어 있는 상황에서 문제집 위주로 공부하는 방법에 문제가 있는 것입니다. 즉 개념 정리가 안 되어 있는 상태에서 요약 정리된 것을 외우고 문제를 푸는 방식은 그럭저럭 80점대는 유지할 수 있으나 그 이상의 점수는 절대 나오지 않습니다.

시험을 볼 때 비슷한 유형의 문제를 틀리는 것이 이런 경우입니다. 조금만 변형되어도 못 풀고, 그 결과는 성적에 직격탄을 날립니다.

예를 들어 '사역동사 / 지각동사 + 목적어 + 동사원형'을 알고 있어도 개념 정리가 안 되어 있으면 그 문장은 눈에 들어오지도 않고 틀리고 마는 것입니다. 그러고 나서 해답지를 보면 '아이고, 알고 있는데 틀렸다'고 하지요.

이 과정에서 개념 정리가 얼마나 잘 되어 있는지를 알 수 있는 가장 쉬운 방법은 노트 상태입니다. 즉 필기 정도입니다. 학생 스스로가 개념 정리가 되어 있지 않은데 어떻게 노트 정리를 할 수 있겠습니까? 역으로 이야기하면, 노트 정리에 신경을 쓴다는 것은 스스로 개념 파악과 정리를 위해 노력하고 있다는 것입니다.

공부할 때 필수적인 요소 중의 하나가 바로 **노트정리**입니다.

'풍요 속의 빈곤'이라는 말처럼 수많은 교재들이 난무하고 있습니다. 그런데 자기만의 노트필기는 어느덧 옛날 호랑이 담배 피우던 시절 이야기로 되어 평가되고 있습니다. 실제로 상위권 (초등 4, 5, 6학년) 학생들의 공부에서조차도 노트 필기는 의미가 희미해지고 있습니다.

그렇다면 공부하는 데 왜 노트 필기가 중요한 요소일까요?

첫째, 공부한 내용을 머릿속에 정리하고 나서 필기함으로써 에빙하우스의 망각곡선이 다가올 때 다시 머릿속 재생을 빨리 할 수 있게 도와주는 역할을 합니다.

물론 두뇌에 모두 저장이 잘 되어 있으면 상관없지만 망각곡선은 누구에게나 찾아오고, 또 대한민국 학생이라면 한 과목만 공부하는 것이 아니라 성격이 다른 여러 과목을 공부하기 때문에 너무나 중요한 역할을 합니다.

둘째, 생각하는 공부로 연결시켜주는 매개체 역할을 합니다.

어느 과목이든 수업을 받고 공부하다 보면 크게 세 부분으로 나눌 수 있습니다.

    ⅰ 개념과 이해

    ⅱ 암기

    ⅲ 문제풀이로 연결되는 응용

이 과정에서 ⅰ 개념과 이해 부분, ⅱ 반드시 암기해야 하는 부분에서 노트 필기는 시간 단축과 함께 생각하는 공부로 연결됩니다.

셋째, 공부 방법 중에 가장 많이 오해하고 오류를 범하고 있는 영역입니다.

"학원 선생님이 우리 아이가 수학을 잘한다고 하는데 학교 성적은
왜 안 나오는지 모르겠어요. 속상해 죽겠어요."

학원에서 열심히 안 해서 성적이 그렇다면 어느 정도 수긍을 하겠지
만 잘한다고 하는데 실제 학교 성적은 그렇지 못하면 엄마는 물론 학
생도 답답하기는 마찬가지일 것입니다.

자! 그렇다면 이 학생의 공부 과정을 깊이 있게 살펴봅시다.

– 학원 선생님이 아이에게 자세히 설명해주고 문제를 풀어보라고
합니다.
〈 이때 개념과 설명은 선생님 것이지 이 학생 본인의 것으로 만들지
는 못했습니다. 〉

– 아이는 문제를 풀면서 조금만 막히면 물어보고 학원 선생님은 자
세히 설명해 줍니다.
〈 이때 아이는 전혀 고민과 갈등이라는 과정을 겪지 않으면서 내용
의 껍질만 공부하고 있습니다. 〉

– 학원 선생님은 아이가 푸는 과정을 하나하나 보면서 가르쳐주고,

아이는 그 도움으로 문제를 술술 풀고 정답을 맞춥니다.

〈 이때 Real Study는 멀어져 가고 가짜 공부에 헛된 시간과 경제적 투자를 하고 있습니다. 〉

- 학교 시험 성적은 전혀 다른 결과가 나오고, 학원 선생님 입장에서는 아이가 공부는 잘하는데 실수가 많아서 점수가 나오지 않는다고 안타까워합니다.

〈 이때 수단이며 도구인 공부가 의도하고 있는 훈련 과정이 스스로에게 전혀 내포되어 있지 않은 학습이었는데 무슨 결과가 나오겠습니까? 〉

넷째, 일상적인 모습의 대화에서 무엇인가 핵심을 비켜가고 있습니다.

요즘 아이들은 '숙제 도사' 입니다. 그리고 엄마들도 아이들에게 학교나 학원을 다녀오면 꼭 물어봅니다.

"숙제했니?"

하지만 숙제보다 더 중요한 질문을 빼먹고 있습니다.

"공부하니?" , "공부했니?"

숙제는 하고 나면 그만입니다. 두 번 다시 보지 않고, 보려고 하지 않는 것이 사실입니다. 하지만 공부란 숙제처럼 한 번 끝나는 일회성이 아닙니다.

이와 더불어 노트 필기는 어느 과목을 공부했는지 간에 그 과목에 대한 생각과 느낌 그리고 이해와 응용으로 연결시켜주는 매우 재미있는 학습 형태입니다.

꼭 기억하세요.

i "숙제했니?"가 아니고 "공부했니?"
ii 노트 정리 한 것 좀 보자!!

철이 든다는 것

공부는 수단이고 도구입니다.
그 과정에서 얻어지는 것이 바로 **자기 자신을 자율의지에 따라 마음대로 핸들링할 줄 알아야 합니다.**
쉽게 표현하면 철이 드는 것입니다.

흔히 우리 아이가 대견스러울 때가 있지요. 예를 들면, 아빠 건강 걱정할 때, 혼자서 청소하고 식사까지 할 때.

흔히 우리 아이가 어른스럽고 눈물이 핑 돌 정도로 기특할 때가 있지요. 어렵게 저축한 돈으로 아빠, 엄마 생일날 혹은 기념일에 선물할 때.

맞아요. 그럴 때 귀한 우리 아이가 더없이 사랑스러워 보입니다.

여기의 철드는 것은 두 가지로 더 세분화시킬 수 있습니다.

첫 번째는 생활의 철이 드는 것입니다.

이 부분은 굳이 설명 없이도 모두들 생각하고 있는 공통 영역입니다.

두 번째는 자아(자신)에 대한 철이 드는 것입니다.

이때 자신을 끊임없이 수양하고 본능에서 이겨내도록 훈련이 되어서 몸에 습관처럼 묻어 있어야 하는 것입니다.

그렇다면 이 귀중한 자신(자아)에 대한 철이 드는 것은 무엇으로 가능할까요?

ⅰ 산 속으로 들어가 도를 닦아야 하나요?
ⅱ 사우나 한증막에서 누가 오래 버티느냐를 해야 하나요?

이런 것으로 대학시험 봅니까? 아닙니다. 바로 공부를 통해서 우리는 자신을 마음대로 핸들링할 수 있도록 훈련되고 몸에 체질화시키는 것입니다.

다음 상황은 〈진로에 대한 에피소드〉와 〈Real Study〉에 대한 사례 연구입니다.

 엄마가 아빠랑 아이의 진로와 미래에 대한 이야기를 나누다가 오늘 만큼은 아이와 함께 진지한 대화를 나누고 싶었다.

학원 갔다가 집에 돌아온 영희에게 "잠깐 우리 이야기 좀 할 수 있어?"라고 말하고, 아빠가 아주 자상하게 "너는 무엇에 관심 있어?", "어느 대학에 가고 싶어?", "너가 원하는 직업이 무엇이니? 아마 지금 상황하고는 많이 다를 것인데" 라고 이야기를 시작했다.

영희는 "전 의사가 되고 싶어요. 아무리 사회가 급속도로. 변한다고 해도 인류는 질병과의 끊임없는 전쟁을 벌이고 있고 이로 인해 아픈 사람들에게 큰 힘이 되어주고 싶어요" 이렇게 이야기를 나누면서 저녁식사 시간이 되어 맛있는 것을 시켜 먹고 나서 아이의 비전을 들었다.

엄마, 아빠는 영희에 대한 대견함으로 입가에 웃음이 짙어졌다. 그렇게 맛있게 시켜먹고 나서 식사 후 영희와 아빠, 엄마는 자연스럽게 TV드라마를 같이 보면서 시간은 어느덧 10시가 되었다. 그리고 나서 자기 방으로 가서 숙제 조금하고 잠든 영희!

지민 아빠와 엄마가 지민이의 장래에 대한 걱정 반 기대 반으로 대화를 나누고 있다. 학원에 다녀온 지민이가 욕실에 가서 씻고 바로 책상에 앉아서 공부하다가 모두 함께 저녁식사를 먹으면서 아빠가 지민이에게 물었다.

"지민아, 요즘 공부하느라 많이 고생하네. 난 너가 있어서 행복해." 이러한 저녁 식사 중 대화에서 "우리 지민이 꿈은 무엇일까? 무엇을 하고 싶지?"라고 물어보니까 지민이는 당당하게 "의사가 되고 싶어요. 지난 번 국경 없는 의사회에서 필리핀과 캄보디아의 봉사활동 하는 것을 보고나서 분명 의미 있는 일이라고 생각했어요."

이렇게 꿈과 진로에 대한 이야기가 끝나고 나서 바로 지민이는 책상에 가서 오늘 해야 할 공부와 내일 할 것까지 Real Study를 하고 12시 40분에 잠들었다.

06. '불씨 이론'과 '시간차 이론'

① 불씨 이론

불꽃피우기

불꽃피우기

언제까지?? 음식이 맛있게 익을 때까지

① 모르는 것이 이해되는 과정
② 스스로 할 수 있는 과목은 스스로 불꽃 피우기
③ 스스로 할 수 없는 과목은 수업, 학원, 과외, 인강을 통해서 모르는 것을 알 수 있게 하면 OK

① Real Study의 필수조건
② 중간에 불씨가 꺼져버리면 결국 음식 만들기는 실패
③ 지속적으로 꾸준히 해야 한다는 점이 쉬운 일이 아님

더 나아가서 하나의 맛있는 라면이 아니라

영어라면
수학라면
국어라면 역시
사회라면
과학라면

새로운 불씨를 만들어
요리를 완성하는 것

② 시간차 이론

이 이론은 공부를 하는 데 때론 힘들게도 만들고 때론 견디는 힘을 주는 이론으로, 지금 공부한다고 성적이 바로 오르는 것도 아니고 지금 공부하지 않는다고 성적이 바로 떨어지는 것이 아니라는 것입니다.

이런 상황에서는 큰 시험(수능모의고사)일수록 그 성적 변화를 느끼기 힘들어서 "나름대로 열심히 하는데 왜 성적은 안 오르는 거야? 나는 안 되는구나!" 라고 생각하며 결국 포기하게 만듭니다.

시간차이론 공부의 성과는 금방 나오지 않는다!

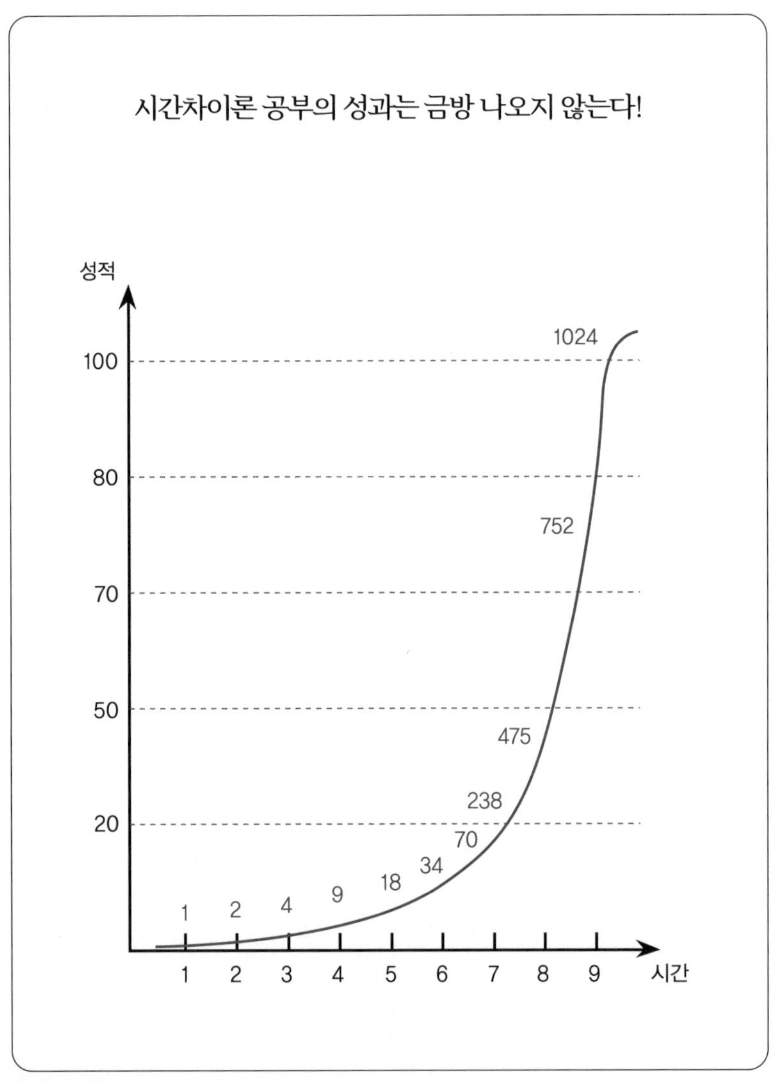

개인별 · 과복별 성적향상의 소요시간은 다르다

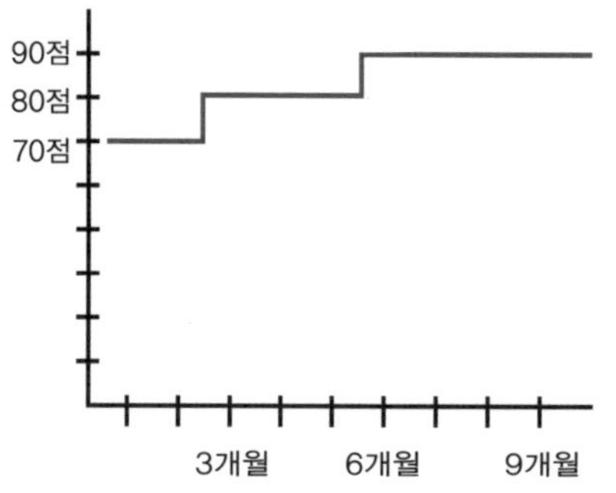

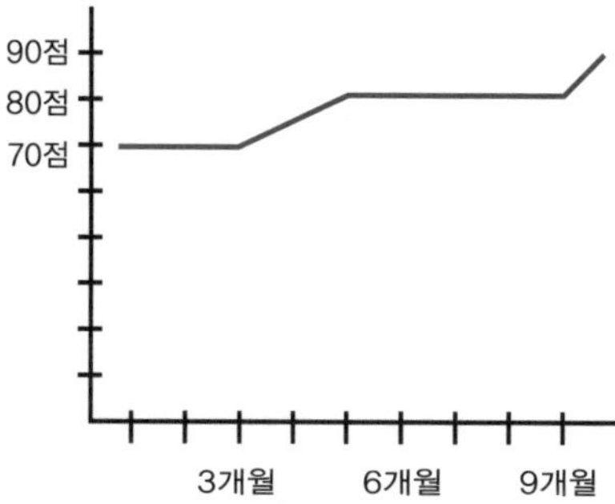

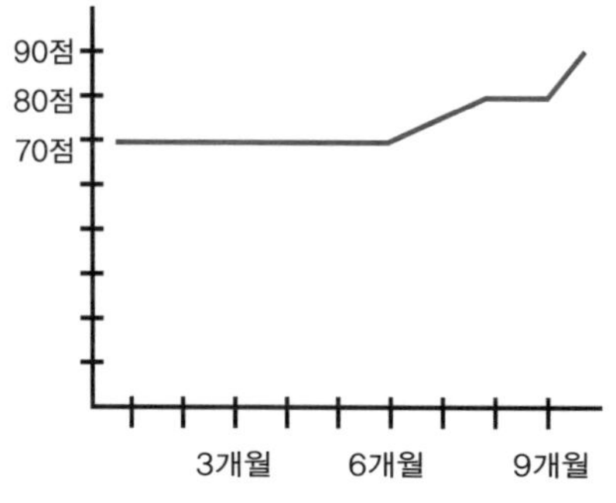

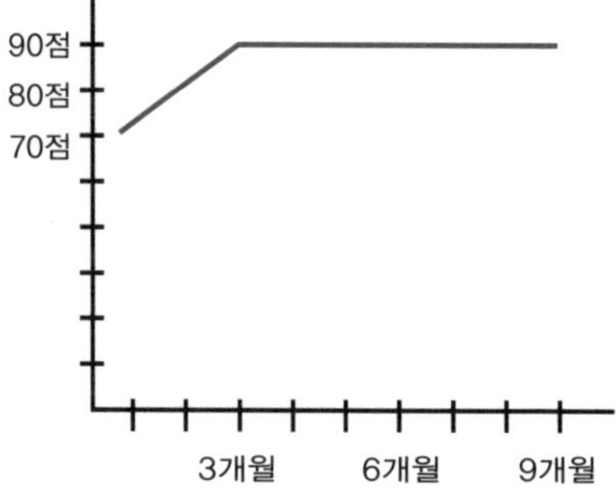

공부법에서 꼭 알아야 하는 사실

i 시간의 중요성

이 부분을 천지개벽 프로그램에서 제시한 자율인지통제 시스템을 통한 초시계 자기 관리 학습법으로 반드시 해결해 드릴 것입니다.

ii 정확성의 중요성

실제 교육 현장에서 보면 조기교육이라는 흐름에 발맞추어 5, 6세부터 여러 다양한 교육 프로그램들이 제공되고 있습니다. 이러한 교육 프로그램들은 책뿐만 아니라 오감을 활용하게끔 매우 멋지고 효과적으로 이루어지고 있습니다. 그런 다음 초등학교 때부터 시험이라는 형태를 경험하게 됩니다. 이때부터 등장하는 멘트가 있습니다.

"알고 있는데 틀렸네.", "알고 있는데 못 풀었어요."

왜 이런 현상이 나타나는 걸까요?

바꾸어 말해서, 몰라서 틀렸다고 하면 당연한 이치인데 알고 있는데 틀렸다고 하니 납득하기 힘든 상황인 것입니다.

이 상황에서 가장 큰 문제점은 바로 정확성이 부족한 것입니다.

예를 들어, TV 드라마를 한 번 보고서는 전체 이야기를 할 수 없습니다. 하지만 단 한번만 보았는데도 감동적이었거나 인상이 깊은 장면은 머릿속에 남아 있습니다. 그리고 이를 가지고 대충 스토리를 안다고 생각하고 전체를 알고 있다고 생각합니다.

그러나 시험이나 평가에서는 대충만 알고는 절대 풀 수 없습니다. 섬세함을 요하는 시험에서는 더욱 그렇습니다. 또한 평가출제위원들은 이런 부분을 귀신같이 찾아서 시험 문제로 물어보기 때문에 여지없이 실수하고 틀리고 맙니다.

이처럼 한 권의 교과서를 읽었다고는 하지만 그 교과서를 공부하면서 반드시 정확하게 알고 있어야 하는 어휘, 맞춤법, 세부적 내용들을 놓치고 지나치기 때문에 그 동안 나름대로 공부한 노력들이 모두 헛고생이 되고 마는 것입니다.

공부하는 데 있어 정확성이 떨어지면 10문제 중 7문제 혹은 8문제는 맞추지만 그 이상의 점수는 절대 나올 수 없습니다. 그래서 결국 항상 80점인 것입니다.

덧붙여, 이 정확성에 대한 인식은 어린 나이에서부터 형성되는 부분이므로 꼭 공부 습관을 형성할 때 염두에 두고 지도해야 하는 것입니다.

iii 선행보다는 심화학습에 중점

요즘 학부모들은 초등학교 6학년부터 수학정석을 선행 학습 시키는 부모가 꽤 많습니다. 학원이나 과외 선생님들이 분위기를 형성해가는 모습도 종종 볼 수 있습니다. 그런데 이렇게 공부해 온 학생이 중2 때 수학 성적이 80점대라면 여러분은 어떻게 하겠습니까?

이 경우 안타깝게도 그 학생은 이미 오랜 선행학습으로 지쳐 있으며, 학원에서 속성으로 가르쳐주는 몇 가지 공식들을 제대로 이해도 하지 못한 채 암기하여 현실적으로는 기계적으로 문제를 풀고 있을 뿐입니다. 그렇다면 이러한 선행 학습의 득과 실은 무엇일까요?

또 다른 경우는 중학생 토플의 경우입니다. 토플 성적을 잘 나오게 해서 민사고, 특목고를 가는 학생들을 따라서 해보는 경우입니다. 그러나 토플은 진짜 영어를 수능 이상으로 준비하는 학생에게 맞는 평가 도구입니다. 기본적인 영단어도 모르면서, 영문법 책 소단원의 제목이 무슨 의미인지도 모르면서 무조건 토플 강의를 듣고 책을 붙들고 있는 것은 어떻게 받아들여야 할까요? 이와 같은 경우는 선행학습도 아닐 뿐더러 지금 성적도 나오지 않는 기이한 형태의 학습 방법에 불과합니다.

여기서 분명한 것은 학원과 과외가 잘못된 역할에 한 몫하고 있다는 것입니다. 온갖 불안 심리를 만들어서 수준에 맞지 않는 선행학습을 강요하고 지속적으로 학원에 다니도록 충성회원을 만드는 경우가 있기 때문입니다. 학생들에게 먹기 좋게 가공한 음식을 지속적으로 주어서 결국에는 학생들 스스로 음식을 해 먹을 수 없게 만드는 꼴입니다.

또한 영어의 경우 중3 상위권 학생들이 집에서 수능모의고사를 풀어오면 80점대를 획득합니다. 그러면 우리 엄마들은 매우 흡족해 하십니다. 중3인데 고등학교 영어시험에서 80점을 맞았다니! 하고 말입니다.

하지만 이 학생은 고3이 되어서도 90점을 넘지 못하고 80점대입니다. 3년이라는 시간 동안 열심히 학원과 인강을 들었지만 점수는 80점대입니다. 왜 그럴까요?

흔히들 60~70년대의 아빠와 엄마들은 우리들 때는 저렇게까지 공부하지 않아도 약대, 의대, 서울대에 갔다고 말씀을 하십니다. 하지만 지금은 환경이 바뀌었고 주변 상황도 변했습니다. 이에 대한 아주 적절한 예가 있습니다. 바로 생수 산업입니다.

우리나라에 생수 판매가 된 지는 올해로 15년이라고 합니다. 그럼 15년 전으로 시간을 되돌려 봅시다. 그때는 운동장에서 열심히 놀다가 목이 마르면 학교 수돗가에서 수돗물을 틀어서 바로 마셨던 시절이었지요. 그래서 생수가 처음 등장했을 때는 오히려 이상하게 받아들여질 수도 있었겠지요. 하지만 지금 우리들은 어떻습니까? 우리 아빠, 엄마 손에는 생수병이 들려 있지 않습니까? 그만큼 시대와 상황이 바뀌었다는 것입니다. 그래서 이제는 개천에서 용이 안 나오는 것입니다.

우리 아이들에게 '공부할 수 있는 환경 만들기'라는 것은 다음과 같습니다.

누구나 한 장소에서 오랫동안 공부하기 힘들기 때문에 여러 곳에 공부할 환경을 만들어 주는 섬세한 배려입니다. 학교, 독서실, 공공 도서관, 자기 공부방, 친구 공부방, 식탁, 응접실 등을 활용해 자기에게 맞는 공부 장소와 그 장소에서의 최대한 학습 능률성과 효과성을 확보할 수 있도록 분석하고 공부할 수 있는 환경을 만들어 주는 것입니다(단, 학원이나 과외 보내기와는 별개의 것입니다). 그리고 점차적으로 공부 장소 이동 횟수를 줄이면서 공부 시간의 깊이를 늘려가는 것입니다.

처음에는 '이렇게 까지 해야 하나' 라는 생각을 할 수도 있습니다. 그러나 일단 자기 자신의 학습 스타일을 찾아가는 단계라는 큰 생각으로 호의적이면서 섬세하게 해줘야 하는 부분입니다. 그냥 공부하라고 학원비 주고 책 값 주는 것 보다 더더욱 중요한 과정입니다.

〈한국스터디트레이닝연구소에서는 study capsule unit을 준비하고 있습니다. 많은 기대를 바라겠습니다.〉

꿈통장 Real Study 뱅크

흔히들 공부는 시간 싸움이 아니라 집중력 싸움이라고 말합니다. 전적으로 동의합니다. 상위 10%에 진입하기 위해서는 집중력이 매우 중요합니다. 그런데 상위 10% 내에서의 공부 전략은 달라지게 되어 있습니다.

이미 상위 10% 이내의 학생들은 기본적으로 집중력 있게 공부하는 습관이 몸에 배어 있습니다. 유전적 구조 또한 우수한 공부 선수들입니다. 이러한 선수들끼리 붙는다면 결국에는 Real Study 시간에 의해 우열이 판가름나게 됩니다. 이 경지에 이르게 되면 자기 자신을 누가 통제력을 가지고 다스리느냐에 따라 달라지는 것입니다.

그렇기 때문에 우리 모두는 반드시 꿈통장 Real Study 뱅크에 Real Study 시간을 꾸준히 입금해야만 꿈을 이룰 때 큰 힘이 될 것입니다.

학원·과외 선택 방법 천만 원 절약 프로그램

내 아이에게 불을 정화시킬 수 있는 교육매체, 정확하고 올바른 선택을 하게 하는 천만 원 절약 프로그램

대다수 부모님들이 학생들의 성적 향상을 위해 어떤 형태로든 학원·과외·인강을 수업받게 하고, 그에 상응하는 경제적 비용과 시간적 투자를 아낌없이 하고 있습니다. 이러한 과정에서 엄마들의 사교육 선택 기준을 크게 세 부류로 나눌 수 있습니다.

  ⅰ "누가 ～ 한다더라", "괜찮다더라"
  ⅱ "공부 잘 하는 철수가 다니더라", "괜찮다더라"
  ⅲ "거기서 몇 명 서울대에 보냈다더라"

  ⅰ "누가 ～ 한다더라", "괜찮다더라"
이 경우에는 말 그대로 구체성과 정확성이 결여되는 선택 기준입니다. 정확히 표현하면, 하위권이었던 학생이 어떤 과정을 통해 상위권으로 진입하고, 요요현상이 없는 것인지에 대한 검증이 없는 것입니다. 그 학생은 그곳이 아니라 다른 곳에서도 효과를 볼 수 있을 수도 있

고, 그것 말고도 다른 매체의 도움으로 성적 향상을 이룰 수도 있다는 점이 취약합니다.

ii "공부 잘 하는 철수가 다니더라", "괜찮다더라"

이 경우는 공부 잘하는 철수가 내 아이와 같은 상황, 같은 성적, 같은 원인을 가지고 있지 않다는 것입니다. 이는 매우 중요합니다. 공부 향상의 원인은 여러 가지입니다. 그럼에도 불구하고 그 향상 원인을 내 아이 기준이 아닌 공부 잘하는 철수에게 맞추어서 진행 중인 학원·과외에 무조건 다니게 하는 것은 크게 도움이 되지 않습니다. 그리고 이는 또 다른 학원·과외 쇼핑으로 이어지는 현상까지 초래합니다.

iii "거기서 몇 명 서울대에 보냈다더라"

이 경우는 반드시 알아보고 참고해야 할 숫자가 있습니다. 즉 몇 명이 다니고 있었고, 그 중 서울대에 합격한 학생은 몇 명이었는지를 파악해야 한다는 것입니다. 예를 들어, 고3 학생 5명을 지도하는 그룹스터디에서 3명을 서울대에 진학시킨 케이스와 고3 학생 100명을 지도하는 종합학원에서 3명을 서울대에 진학시킨 케이스와는 전혀 다른 것입니다.

첫 번째는 3/5이지만, 두 번째 경우는 3/100입니다. 모든 광고 멘트나 플랜카드를 자세히 보시기 바랍니다.

총 인원이 몇 명인데 그 학생 중에서 몇 명이 서울대에 보냈다는 표현이 있습니까?

또 하나 중요한 사실은, 여러분도 잘 알고 계시겠지만 수강기간입니다. 과연 서울대에 합격한 학생 3명이 그 학원이나 과외에서 얼마 동안 수강했는지에 관한 정보는 기재되어 있지 않습니다. 한 달을 다닌 것인지 6개월을 다닌 것인지 도무지 알 수 없는 정보인 것입니다.

그렇습니다. 이렇게 꼼꼼하게 따져보면 참 허망한 경우가 많습니다. 이제부터는 학원, 과외 선택에 조금이라도 도움이 되는 중요한 선택 기준을 알려드리겠습니다. 이를 반드시 기억해두셨다가 천만 원 절약 프로그램에 참여하시기 바랍니다.

첫째, 끝나는 시점을 제시하는 학원과 과외를 선택하세요!!

이 세상 모든 일에는 시작이 있으면 반드시 끝이 있습니다. 지금 우리 학생의 위치가 어느 정도이므로 어디까지(성적뿐만 아니라 교과 과정 포함) 향상시킬 수 있고, 그 향상에 필요한 수강기간을 제시하는 학원과 과외를 선택하십시오. 이러한 섬세한 진단과 필요한 수강기간을 제시하기 위해서는 그 학원과 과외의 학생에 대한 많은 정성과 내공이 필요합니다.

"최선을 다하겠습니다." 참 듣기 좋은 말입니다. 하지만 어느 정도가 최선을 다하는 것인지에 관한 구체성과 측정 가능한 계량성은 매우 부족한 표현입니다. 그러므로 반드시 어느 단계 혹은 어느 과정에서 향상을 시키는데 어느 정도의 소요시간이 든다고 제시하는 곳을 선택하는 것이 보다 더 현명한 선택입니다.

둘째, 우리 아이를 지도해주시는 선생님이 고3 수업까지 하고 계시는 선생님이었으면 합니다.

그 이유는 모든 교육과정은 따로따로 떨어져 있는 것이 아니기 때문입니다. 초등, 중등, 고등 교육은 기본ㆍ심화뿐만 아니라 모두 유기체처럼 연결되어 있습니다. 적어도 고3 수업을 하고 계신 분이라면 교과과정에 대해 전체적으로 어느 방향으로 출제되고 어떤 형태로 방향성을 가지고 있는지를 파악하고 있으므로 많은 효과를 얻을 수 있습니다.

"우리 아이가 초등학교 3학년인데 꼭 그럴 필요가 있을까요?"라고 생각할 수도 있습니다. 하지만 초등학교 3학년이든지 중학교 2학년이든지를 떠나서 그 과목을 꿰뚫어서 설명하고 이끌어 준다는 점에서 보면 아주 중요한 판단 기준입니다.

셋째, 수업시간에 대한 정확한 구별이 되어 있는지를 꼼꼼하게 살펴보는 것이 현명한 선택 방법입니다.

60분 수업 혹은 80분 수업을 진행한다고 했을 때 크게 나누어서으로 표현한다면 진짜로 60분 수업도 교육 현장에서 보면 학생들이 가져가는 것은 매우 빈약한 경우가 발생합니다.

예를 들어, iii) 숙제검사나 쪽지시험을 보는데 수업시간 중에서 소요하는 시간이 20분이라면 고작 진짜 수업은 40분인 셈이고, 그 40분 중에서 문제 푸는 데 15분을 소요한다면 실제 수업시간은 25분이 되고 맙니다.

자! 어떠세요? 이렇게 수업시간이 배분된다면 정말 경제적 비용과 시간적 투자가 아깝지 않겠습니까? 뿐만 아니라 오고가는 길에서 버리는 시간과 다른 학생의 지각으로 생기는 결손 시간 그리고 교육 프로답지 않게 혹은 어쩔 수 없이 사용될 수 있는 선생님의 핸드폰 사용시간까지 고려한다면 더 이상 생각하고 싶지 않을 것입니다.

그렇기 때문에 학원·과외를 선택할 때에는 반드시 이러한 시간들의 철저한 구별과 더불어 얼마나 집중적이고 시간 배분을 충실히 하느냐가 중요한 판단기준인 것입니다.

100시간의 무서움

〈천지개벽 프로그램에서 꿈통장 Real Study 뱅크의 사교육비 절약 선물〉

Real Study를 체계적으로 진행하였을 경우 **변화의 핵심은 공부 잘하는 아이로의 생각전환입니다.** 즉, **공부 잘하는 습관이 몸**에 체득하도록 하여 **자기 자신을 마음대로 통제하고 다룰 수 있는 아이로 변화**하고 **발전**하는 것입니다.

예를 들어, 종합학원 · 단과학원 · 과외에 열심히 오고 가는 학생들은 배운 것을 자기 것으로 만드는 시간 확보에서 Real Study 에 몰두하는 학생에게 밀리게 되어 있습니다.

〈이 상황에서 부모님들은 우리 아이에게 학원 · 과외에다 경제적 투자를 했다는 이유로 상대적으로 더 높은 기대치를 가지고 있는 것이 현실입니다.〉

더 나아가 초등학교 때보다 중학교 때에 더 많은 시간을 학교에서 보내고, 고등학교에 진학하면 공교육인 학교에서 체계적으로 보내야 하는 소중한 시간이 절대적으로 많아집니다. 그런데 더 적은 시간을 보내는 학원·과외 등 사교육에 더 신뢰하고 역전의 드라마를 원하는 이유는 무엇일까요?

그것은 딱 두 가지입니다.

첫 번째는 시간 체크를 하지 않았기 때문에 발생하는 것입니다.
〈측정하지 않으면 개선할 수 없다.〉
실제로 우리 아이들이 Real Study를 학교에서 어느 정도 하고 있는지 측정하지 않았으며, 학원이나 과외에 가서 실제 공부 시간을 체크하지 않았기 때문에 막연한 기대와 신비주의가 어우러져서 생기는 현상입니다.

두 번째는 경제적 투자에 대한 상대적 기대와 의존심리 때문에 발생하는 것입니다.
체계적이고 검증된 선생님들로 구성된 공교육 시스템에는 기본적 경제적 투자를 하고 있는 반면에, 오히려 그렇지 못한 학원·과외의 사교육 시스템에는 더 많은 경제적 투자를 하다보니 그 기대와 의존 심리는 상상 이상입니다.

하지만 그렇게 기대하고 투자한 사교육에 대한 결과는 그 누구보다 부모님이 잘 알고 있을 것입니다.

예를 들어, **Real Study** 시간을 학원이나 과외 다니는 학생들보다 하루에 한 시간만 더하더라도 100일이면 100시간 이상 나오게 됩니다. 이 100시간의 경제적 가치는 960만 원 이상의 사교육비 투자효과입니다.

정확하게 실제상황을 보여드린다면 우리 아이 성적 향상을 위해서 단독 개인 과외를 시킨다고 가정합시다. 이 때 보통 60분 수업에 주3회 회비는 120만 원 정도입니다. (물론 지역이나 과외선생님에 따라 +, −가 있더라도) 그렇다면 이렇게 경제적 투자를 하고 있는 경우에 공부시간은 100일 동안 기껏해야 18시간에 불과합니다.

100일 동안 **Real Study** 시간을 확보하여서 100시간 이상을 자기 것으로 만드는 환경하고, 100일 동안 오고가면서 기껏 39시

간 확보하고 있는 사교육하고 질적으로나 양적인 측면의 비교는
그 자체가 의미 없는 것입니다.

　이 상황에서 **Real Study** 시간을 100시간 이상 확보하는 아이
는 부모님의 경제적 투자인 960만 원 이상을 벌어서 효도하는 것
뿐만 아니라 공부 잘 하는 습관이 스스로가 체득할 수 있다는 점
에서 비교 자체가 의미 없는 것입니다.

　100시간과 39시간의 양적인 측면과 질적인 측면에서 사교육
을 받을 경우 반드시 자기 것으로 만들어야 하는 또 하나의 과정
이 존재합니다. 이 과정에서 자율의지와 자기 통제력이 발휘되어
야 하고 훈련을 통해서 습관으로 굳어져야 하는 것입니다.

　바로 꿈통장 **Real Study** 뱅크에 입금되는 **Real Study** 시간 확
보가 그 어떤 것보다 중요하고 무서운 존재인 것입니다. 이러한
과정에서 얻어진 자기 통제력과 실천력은 우리 아이가 그 어떤
분야의 직업을 가지게 되더라도 본인뿐만 아니라 사회 발전에 공
헌할 수 있는 아이로 성장할 것이고, 훌륭하고 가치 있는 삶을 스
스로 만들어 갈 수 있는 것입니다.

p·a·r·t 4

자, 이제부터 시작!
-Real Study 실전편

01. 'Real Study' 확보하기

① 100일 천지개벽 프로그램의 구성

씨앗 〈1~7일〉 1주일차	i 공부를 왜 하는지에 대한 개념이 없는 상태 (지금 성적은 관계 없음) ii 하루 스케줄이 없는 상태 iii 수학문제 풀이 개수/ 30분 영어 단어 암기 개수 / 30분 → 모르는 상태
새싹 〈8일~42일〉 2주~6주차	i 공부를 하는 개념이 머리에 들어오는 단계 ii Real Study와 공부에 가까운 것에 대한 개념 구별 단계 iii 일주일 스케줄이 없는 상태 iv 혼자할 수 있는 과목과 혼자할 수 없는 과목의 구별 v 철이 들려고 약간의 증상이 보이는 경우

나무 〈43일~98일〉 7주~14주차	i 공부에 대한 개념이 머리가 아니라 몸으로 　느껴지는 단계 - Real Study 시간이 (4~7시간/하루) 확보하고 　적어도 일주일에 5일 이상은 Real Study 상태 유지 ii 과목별 교재, 문제집, 자신만의 노트가 확보된 상태 iii 과목별 배분시간에 차이를 보이거나 치중하는 경우 iv '생활의 철'은 들었으나 '자아의 철'이 아직 　둘쑥날쑥한 상태
숲 〈99일부터~〉 15주차부터	i Real Study 시간(8시간 이상) 　과목별 배분 또한 환상적 : 국(2), 영(2), 수(2), 기타(2) ii 일주일 중에서(하루 제외하고) 6일 이상 　Real Study 상태를 지속하는 경우 iii '생활의 철'과 '자아의 철'이 모두 체질화 되어 　있는 경우 iv 공부 잘하는 습관 = 자신을 마음대로 핸들링 　할 수 있는 경지
천지개벽 상태	학습 스케줄표에 빈 칸 없이 Real Study 시간을 확보하는 단계

② 100일 천지개벽 프로그램 실천 모드

i 본 책자 부록과 함께하는 실천

ii 한국스터디트레이닝연구소와 함께하는 100일 실천
(http://blog.naver.com/realstudy)(1600-3653)

1단계 : 〈첫날 ~ 7일〉 → 씨앗 단계
〈해야 할 일〉 → 하루 Real Study양 체크하기
- 총 합
- 과목별 공부시간
- 수학문제 / 30분
  단어암기 / 30분
  독서 페이지 / 30분

1일차

i 자신감 충전

"나는 할 수 있다", "나만 할 수 있다" 큰소리로 10번씩!

〈창피하세요? 쪽 팔리시나요?〉

"나는 할 수 있다. ○○○는 할 수 있다." 큰소리로 10번씩!

ii 무엇을 할 수 있느냐면?

지금 눈앞에 있는 "○○과목을 할 수 있다."

"꼭 100점을 맞을 수 있다."

iii 공부란 무엇일까요?

– 인식의 재정립

공부란 수단이고 도구입니다.

만약 나의 목표가 최고의 CEO라면 지금부터 조그만한 분식집을 경영해야 하나요?

만약 나의 목표가 의사가 되는 것이라면 가장 가까운 병원에 가서 청소부터 시작해서 의술을 배우나요?

– 이런 것이 아닙니다.

제일 먼저 해야 하는 것은 어떠한 상황에서도 자기 자신을 통제하고 마음대로 핸들링 할 수 있어야 하는 것입니다. **Real Study**가 될 수 있도록 실천에 옮기는 지속적이고 결단력을 키우는 도구가 바로 공부입니다.

"행복은 성적순이 아닙니다." 맞는 말입니다.

하지만 자기 자신을 행복하게 만들고 싶다면 적어도 자기 마음대로 핸들링하고 통제할 수 있어야만 행복해집니다. 그 누구에게 명령 받지 않는 것입니다.

iv 이미 공부 못하는 습관이 얼마나 몸에 배어 있는 지를 체크해 봅시다.
〈측정하지 않으면 개선될 수 없다.〉
〈아무리 사소한 것을 내 것으로 만들려면 반드시 시간과 정성이 필요한 것이다.〉

v 공부시간을 초시계로 체크하기
약간은 귀찮고 하기 싫더라도 본인의 체질을 바꾸려는 의지가 있다면 그것을 체크하고 측정해봅시다. 그래야만 개선될 수 있습니다.

2일차

i 자신감 충전

"나는 할 수 있다", "나만 할 수 있다" 큰소리로 10번씩!

〈창피하세요? 쪽 팔리시나요?〉

"나는 할 수 있다. ○○○는 할 수 있다." 큰소리로 10번씩!

ii 혼자 할 수 있는과목(오늘, 지금 당장)?

　혼자 할 수 없는 과목?

iii 지금 자신이 받고 있는 모든 **사교육(학원, 과외, 공부방, 인강)**을 세부적으로 정리하기

- 과목
- 수업시간 및 요일
- 몇 달 정도 수업받고 있는지
- 언제까지 수업받을 예정인지
- 과연 얼마나 효과적인지(본인 위주로)
- 그만두면 불안해할 것인지

iv **과목별 평균 공부 시간 체크하기**

- 수학문제 풀이 개수 / 30분
- 영어단어 암기 / 30분
- 책 읽는 페이지 / 30분

v Real Study란 무엇일까?

본 교재를 중심으로 하나씩 하나씩 꼭꼭 집어서 자세히 설명해 주는 것.

i 자신감 충전

"나는 할 수 있다", "나만 할 수 있다" 큰소리로 10번씩!
〈이제는 할 만하죠? 곧 있으면 재미있을 겁니다.〉
"나는 할 수 있다. ○○○는 할 수 있다." 큰소리로 10번씩!

ii 혼자 할 수 있는 과목에서 오늘 할 것은? 혼자 할 수 없는 과목에 대한 해결 방법 찾기

iii Real Study 시간 냉철하게 체크하기
- 총 합
- 과목별 시간 배분

iv 다시 한 번 공부란 무엇인지 인지시키기

v 다시 한 번 본인이 공부 잘하는 습관 판단하기

공부 못하는 습관

vi 본인이 받고 있는 사교육 다시 한 번 체크하기

vii 각 과목별 교재 / 문제집 등 책 구성표로 만들기

과목	교과서	노트	자습서		문제집	
			1	2	1	2
국어						
수학						
영어						
과학						
사회						
국사						
기술/가정						
도덕						

ⅰ 자신감 충전

"나는 할 수 있다", "나만 할 수 있다" 큰소리로 10번씩!

〈이제는 할 만하죠? 곧 있으면 재미있을 겁니다.〉

"나는 할 수 있다. ○○○는 할 수 있다." 큰소리로 10번씩!

ⅱ •오늘 당장 이 순간에 혼자 할 수 있는 과목 (　　　)

　• 혼자 할 수 없는 과목 (　　　)

　• Real Study 시간 (　　　)

ⅲ Real Study에 대한 재인식시키기

ⅳ 꿈통장 Real Study 뱅크에 입금하세요.

ⅴ 노트 정리의 중요성 설명하기

공부할 때 필수적인 요소 중의 하나가 바로 노트 정리입니다.

첫째, 공부한 내용을 머릿속에 정리하고 나서 필기함으로써 에빙하우스의 망각곡선이 다가올 때 다시 머릿 속의 재생을 빨리 할 수 있게 도와주는 역할을 합니다.

물론 두뇌에 모두 저장이 잘 되어 있으면 상관없다고 하지만 망각곡선은 누구에게나 찾아오며, 대한민국 학생이라면 한 과목만 공부하는 것이 아니라 성격이 다른 여러 과목을 공부하는데 있어서 너무나 중요한 역할을 합니다.

둘째, 생각하는 공부로 연결시켜주는 매개체 역할을 합니다.

어느 과목이던지 수업을 받고 공부하다보면 크게 세부분으로 나눌 수 있습니다.

❶ 개념과 이해 부분

❷ 반드시 암기해야 하는 부분

❸ 문제풀이로 연결되는 응용 부분

이 과정에서 ❶ 개념과 이해 부분, ❷ 반드시 암기해야 하는 부분에서 노트 필기는 시간 단축과 함께 생각하는 공부로 연결됩니다.

i 자신감 충전

"나는 할 수 있다", "나만 할 수 있다" 큰소리로 10번씩!

〈이제는 습관이 됐죠? 항상 중얼거립시다.〉

"나는 할 수 있다. ○○○는 할 수 있다." 큰소리로 10번씩!

ii Real Study 시간

- 총 합
- 과목별 시간 배분

iii 사교육 다시 점검

- 과목
- 수업시간 및 요일
- 몇 달 정도 수업받고 있는지
- 언제까지 수업받을 예정인지
- 과연 얼마나 효과적인지(본인 위주로)
- 그만두면 불안해할 것인지

iv 자투리 시간 활용에 대한 중요성 인식시켜주기

ex. 5분의 소중함

하루에 5분이면 → 일주일에 35분이고 → 한 달이면 2시간입니다.
물론, 1년이면 50시간이나 되는 매우 큰 시간입니다.

자신의 공부 속도에 대해 인식하는 것은 매우 중요합니다. 5분에 수학문제 2문제를 풀 수 있다고 가정했을 때, 학교나 기타 쉬는 시간은 적어도 7번 이상 주어집니다. 이때 하루에 풀 수 있는 수학문제는 14문제이고 한 달이면 420문제, 그리고 일 년이면 5,040문제가 됩니다.

5,000문제의 수학풀이를 이러한 자투리 시간을 이용해 **Real Study**를 할 수 있습니다.

v 에빙하우스의 망각 곡선 설명하기

1, 2일차 공부 내용을 복습, 확인하고 문제풀이까지 유도

i 자신감 충전

"나는 할 수 있다", "나만 할 수 있다" 큰소리로 10번씩!

〈멍 하니 있는 시간은 이제 사라지도록 합시다.〉

"나는 할 수 있다. ○○○는 할 수 있다." 큰소리로 10번씩!

ii Real Study 시간 체크하기

- 총 합

- 과목별 시간 배분

iii 잠이 올 때 해결책은?

→ 졸음 퇴치법

iv 망각곡선 활용하여 3, 4일차 공부한 내용 체크하기

→ 이때 1, 2일차를 묶어서 확인하고

3, 4일차로 묶어서 확인하기

v 일단 고비는 넘겼다.

→ 하지만 자신과의 싸움이 본격적으로 시작된다.

(본 라운드에 들어가는 단계)

vi 문제집에 대한 공부방법론

- 학생이 지금 하고 있는 형태

- 학생이 모르는 형태의 스터디

졸음 퇴치법

● 자세 바꾸기

– 잠이 오면

- 일어선 상태로 공부하기
- 무릎 꿇고 공부하기

  (한참 하다 보면 다리가 저려서 잠이 확 깹니다)

● 양치질하기

– 잠이 오면

- 양치질하다보면 기분전환까지 되어서 상쾌
- 상황에 따라서 가그린을 하는 것만으로 상쾌한 효과를
  볼 수 있는 방법

● 스스로 자학하기

– 잠이 오면

- 집게를 준비했다가 자신의 몸에다 꼬집기

(이때 가장 연한 살 부분에 해야 효과적입니다. 그러나 다른 사람이 보지 않을 때 하는 것이 좋습니다)

- 샤프나 볼펜 끝으로 찔러보기

(효과는 오래가지 못하나 살짝 효과 있습니다)

● 맛있는 것 먹기

– 잠이 오면

• 미리 준비해 둔 씹을 수 있는 것과 마실 수 있는 것으로 구별하여 소리 내지 않고 남에게 방해 안 되는 범위에서 내가 가장 먹고 싶은 것을 먹습니다. 이는 일어나지 않고 앉아 있는 상태에서만 잠을 깨우는 효과적인 방법입니다.

• 보상심리로 이용해도 또 다른 효과가 있습니다. 즉 어디까지 끝내고 나서 자신에게 스스로 칭찬하는 의미로 맛있는 것을 먹으면 오히려 잠이 안 오도록 미리 방지할 수 있는 1석2조 효과)

● 잠깐이라도 자기

• 잠이 너무 오면 10분 이내로 옆 사람의 도움을 청해서 잠깐이라도 숙면을 취하는 것이 효율적! (이때 20분 넘게 자면 오히려 일어나서 피곤함이 더 할 수 있으니 주의할 것)

ⅰ 자신감 충전

"나는 할 수 있다", "나만 할 수 있다" 큰소리로 10번씩!

〈자투리 시간에 공부가 안 될 때 사용하면 효과 만점!!〉

"나는 할 수 있다. ○○○는 할 수 있다." 큰소리로 10번씩!

ⅱ Real Study 시간 체크하기

- 총 합

- 과목별 시간 배분

ⅲ 학습 장소에 대한 능률성과 효과성 점검하기

집

도서관

독서실

학원에서

과외하는 곳에서

친구 집에서

ⅳ 최대 공부 시간에 도전해보기

(7일차 ~ 10일차 사이에서)

ⅴ 인식차이를 머릿속에 넣어 주기

ⅵ 아직 "꿈이 무엇이냐", "원하는 대학이 무엇이냐"는 절대 질문금지
→ 지금 당장 **Real Study**를 해야지만 가능한 것이다.
지금 **Real Study**도 하지 않은 상태에서 이런 부류의 이야기와
상담은 전혀 도움이 되지 않는 다는 점을 학생 머리에
인식시켜 줍니다.

많이 고생하셨습니다!!

매주에 하루는 빈칸데이로 정해서

– 밀리고 있는 부분
– 1일부터 ~ 6일까지 과정 중 반드시 반복해야 하는 부분
– 휴식

을 정해서 학생의 상태와 컨디션에 따라 100일 천지개벽 프로그램
을 진행합니다.

첫 번째 주는 말 그대로 시작 시점이기 때문에 빈칸데이를 제외한 것입니다.

다음 주부터는 다음 단계에 돌입합니다. 토 · 일 중 여러분 스스로가 하루를 빈칸데이로 정해서 진행할 것입니다.

자! 어떠세요? **Real Study** 시간을 많이 확보하셨나요?

이 진짜 공부 시간만이 꿈통장 **Real Study** 뱅크에 입금될 것이고, 이 입금된 시간이 여러분의 꿈을 이룰 수 있게 해줄 것입니다.

2단계 : 2주 〈8일 ~ 14일〉 → 새싹 단계

3주 〈15일 ~ 21일〉

4주 〈22일 ~ 27일〉

5주 〈28일 ~ 35일〉

6주 〈36일 ~ 42일〉

① 총 합

② 과목별 공부 시간

③ 혼자 할 수 있는 과목

혼자 할 수 없는 과목

〈원인분석 들어가기〉

④ 현재 학원 / 과외 / 인강에 대한

효율성과 능률성 평가하기

⑤ 노트 정리 할 수 있도록 공부

⑥ 복습시스템 관리

ⅰ 자신감 충전

"나는 할 수 있다", "나만 할 수 있다" 큰소리로 10번씩!

〈이제는 습관이 됐죠? 항상 중얼거립시다.〉

"나는 할 수 있다. ○○○는 할 수 있다." 큰소리로 10번씩!

ⅱ 과목별 공부 시간까지 섬세하게 Real Study 시간 체크 및 꿈통장에 입금

ⅲ 망각곡선과 나태와 의심이 함께 찾아오는 순간순간에 반드시 극복해야 하는 것

구미호는 100일만 참으면 인간이 된다고 해서 그토록 노력을 했지만 결국 99일째 되는 날 참지 못해서 모든 것이 물거품이 되었습니다. 자기 자신에 대한 의심 때문이었습니다.

"내가 과연 할 수 있을까?", "너는 안 돼.", "그냥 이대로 살자."

작은 성공이라는 경험이 없는 학생의 경우 그 짜릿함을 아직 느껴보지 못했을 것입니다. 그 어떠한 느낌보다 강해서 한 번이라도 작은 성공을 느낀다면 계속해서 그 성공의 맛을 보기 위해 노력하는 사이 공부 잘 하는 습관이 자연스럽게 몸에 밸 것입니다.

당신은 이제 성공장이로 다가가고 있습니다.

지금 당장 꿈통장에 입금하세요.

ⅰ 자신감 충전

"나는 할 수 있다", "나만 할 수 있다" 큰소리로 10번씩!

〈이제는 습관이 됐죠? 항상 중얼거립시다.〉

"나는 할 수 있다. ○○○는 할 수 있다." 큰소리로 10번씩!

ⅱ 할 수 있는 과목을 중심으로 Real Study 시간 확보하기

〈꿈통장에 입금된 Real Study 시간이 아직 새싹 단계입니다.〉

ⅲ 혹시 가짜 공부에 치중하고 있는지를 반드시 구별하면서 Real Study 시간을 확보해야만 한다.

ⅰ 자신감 충전 (각각 100번씩 충전하기)

오전 → (번)

오후 → (번)

저녁 → (번)

ⅱ Real Study 시간은 꿈통장으로 확인하기

ⅲ 100일 천지개벽 프로그램을 진행하면서 하기 싫은 첫 유혹이 강하게 올 때가 바로 10일차입니다.

이 날부터 3일 동안 자기 몸에 배어 있는 못된 습관 중에서 자기 방어(자기 합리화)가 강하게 나타납니다.

"야야, 이렇게 안 해도 될 걸.", "너 지금 뭐하니? 이렇게 한다고 뭐가 바뀔 것 같아? 그냥 편하게 살자."

★ 이 기간만 지나고 나면 이 못된 습관들은 여러분의 몸에서 사라질 테니 자신의 자율 의지와 자기 통제력을 믿으세요. ★

ⅰ 자신감 충전 (각각 100번씩 충전하기)

오전 → (번)

오후 → (번)

저녁 → (번)

ⅱ Real Study 시간을 한 번쯤 최고로 입금해 보기에 도전

ⅲ 힘이 들수록 더욱 강하게 실천 의지를 발휘하는 것 또한 삶의 지혜
  → "정면 돌파" "정면 돌파"

12일차

ⅰ 자신감 충전 (각각 100번씩 충전하기)

오전 → (번)

오후 → (번)

저녁 → (번)

멍 하니 있는 시간마다 중얼중얼 거리기

"나는 할 수 있다", "나만 할 수 있다"

ⅱ 이 시간에 고민해야 할 것

   • 시간은 확보하고 있는데

    → 솔루션 : 집중력의 칼날을 더욱 곤두세우고 시간 확보

   • 시간은 확보하지 못하고 있는데

    → 솔루션 : 자기 통제력을 살리고

ⅲ 오늘이 지나고 나면 첫 고비가 지나는 것

   이제 슬쩍 꿈통장에 입금된 Real Study 시간 내역을 확인해보기

13일차

ⅰ 자신감 충전 (각각 100번씩 충전하기)

    오전 → (　　　번)

    오후 → (　　　번)

    저녁 → (　　　번)

ⅱ Real Study 시간 확보에 총력

ⅲ 공부가 안 될 때 – ⅰ) 싫증이 나서

           ⅱ) 잡념이 와서

A : 하기 싫으니까요.

　　solution → 자기 통제력이 발동해야

　　　　　　(지금의 시간 손실은 되돌릴 수 없다는 것)

B : 공부에 대한 진면목을 망각하니까요.

　　solution → 공부하는 과정은 자신을 수양하고 다듬고

　　　　　　훈련하는 과정이다.

　　　　　　누구나 쉽게 반복 훈련할 수 있다면 누구나 성공할

　　　　　　수 있지만 현실적으로 어렵다는것

C : 지금 공부하는 내용을 확실하게 자신의 것으로 만들지 못하니까요.

　　solution → 자신감이 결여되고 문제를 풀어도 맞는 정답보다는

　　　　　　틀리는 오답이 많이 생기니까 결국 재미까지 사라지

　　　　　　고 나니 남는 것은 공부가 싫어지는 것

자기 통제력으로 바로 이 자리에서 해결해야만 가능한 일이지 이것
을 해결 못하고 책상에서 일어나 방황한다고 해결되지 않는다. 뿐만

아니라 친구들과 고민을 나누어도 결국 패배 동지들만 늘어날 뿐 아무
런 도움이 되지 않는다.

solution → 먼저 공부 계획을 세워보았자 자신의 학습 소화
속도로는 절대 불가능할 경우,
바로 포기하게 된다.

■ 왜 잡념이 찾아올까요?

solution → 자기 통제력이 등장하여 지금 눈앞에서 지나가고
있는 초시계를 보기 바람.
"자율인지통제시스템을 통한 초시계 자기 관리 학습법"

solution → 이때는 공부 내용을 알 수 있도록 어시스트 해야 함

C : 자기 자신을 다듬어야 하는데 매 순간순간마다 잡념, 유혹, 멍하니 있는 것들이 등장하기 마련

    solution → 결국 초시계에 들어 나오는 시간의 흐름은 자신이
무엇을 하고 있는지를 자율적으로 인식하게끔
만들 것이다.

D : 공부에 재미를 더할 수 있는 자신의 방법을 연구 하도록

    solution →
- 노트 정리
- ppt 만들기
- 강의해 보기(혼자서 / 그룹으로 / 동생에게 / 엄마 앞에서 수업)
- 자신이 그 파트에서 출제자라는 생각으로 시험지 출제하기
- 학습 셀카 만들기

14일차

오늘은 기다리고 기다리던 빈칸데이!

ⅰ 자신감 충전 (각각 100번씩 충전하기)

오전 → (번)

오후 → (번)

저녁 → (번)

ⅱ 누가 시켜서가 아니고 여유롭게 자유롭게 그리고 편안한 마음으로 Real Study 시간 확보해보기

ⅲ 그동안 이루어진 부분 확인하기

ⅳ 복습의 중요성을 파악하고 다시 한 번 진행하기

놀라운 일이 생길 것 →

복습에 소요되는 시간이 매우 짧아지고 있다는 사실을 인식할 것!

수업이나 강의 시간에 집중하기 어려울 때

① 수업이 재미없더라도 분명 중요하다는 내용이 어떤 것인지를
파악하기
→ 적어도 한 수업 시간에 3개 이상의 주요사항 찾아내기·
노트에 정리하기
예시 문제 오려 넣기

② 정말로 수업이 재미없고 능률적이지 못하다면 학원이나 과외는
그만두기!
→ 반드시 스터디 트레이너와의 깊이 있는 상의를 하고 나서

③ 항상 수업 내용이 어떻게 시험으로 나올까를 생각하면서
진행하기

3단계 : 7주 〈43일 ~ 49일〉 → 나무 단계

8주 〈50일 ~ 56일〉

9주 〈57일 ~ 63일〉

10주 〈64일 ~ 70일〉

11주 〈71일 ~ 77일〉

12주 〈78일 ~ 84일〉

13주 〈85일 ~ 91일〉

14주 〈92일 ~ 98일〉

① 총 합

② 과목별 공부 시간에서

능률성과 효과성 부여하여 점수 주기

(★Real Study만의 장점)

③ 과목 성적 향상의 걸림돌 알아내고

처방전 주기

ⅰ) 수술단계 ⅱ) 보약단계 ⅲ) 첩약단계

④ 목표시간 정하기

초등학생 4시간 +α	국 1시간 20분
	영 1시간 20분
	수 1시간 20분

중학생 5시간 +α	국 1시간
	영 2시간
	수 2시간

고등학생 6시간 +α	국 2시간
	영 2시간
	수 2시간
	기타 +α

02. 어떻게 사용하느냐?

① 기존 학습 플래너와 차이점

기존의 모든 학습 플래너, 스터디 플래너, 공부계획표를 면밀하게 검토하고 과학적으로 살펴보면 ① 계획의 나열, ② 하루 평가, ③ 실천했는지 실천하지 못했는지를 써넣는 방식으로 이루어져 있습니다.

이는 **자신의 공부 속도**를 파악하지 못한 채 기존 노트에서 멋있게 바뀐 장식된 노트에 기록만 할 뿐입니다.

'측정하지 않으면 개선할 수 없다' 라는 가장 근본적이고 필수 불가결한 자기 자신의 공부 속도도 모른 채, 또 머릿속 과목에 대한 계획 나열이다 보니 그 결과는 뻔할 뿐입니다. 그리고 **Real Study**에 대한 냉철하고 철저한 측정과 **시간 체크**가 함께 진행되지 않기 때문에 큰 변화를 기대할 수 없습니다.

그리고 아무리 주간계획, 월간계획, 연간계획을 아무리 세워도 결국 실천해야 하는 주체인 자신의 학습 역량(**Real Study** 시간, 과목별 진행 속도)을 전혀 고려하지 않으면 또 다른 시간 낭비만 가지고 올 뿐입니다.

실제로 시중에서 구입 가능한 학습 플래너를 살펴보면 그 사실은 분명해 집니다.

처음 보면 학습 플래너 양식이나 모습에서 무척 끌립니다.

적어도 공부다운 공부를 해봐야겠다는 학생인 경우에는 말입니다.

하지만 **자신의 공부 속도를 모르는 상황**에서 어떻게 주간 계획을 세우느냐 하는 것입니다. 또한 주간계획을 세울 때 학교 생활, 학원이나 인강스케줄, 그리고 자신의 스케줄이 있는데 이러한 개별적 사항들을 모두 고려하여 계획을 세우던가 아니면 그냥 대충 머릿속에서 생각나는 대로 끝내고 나면 과연 그 계획이 실천으로 얼마만큼이나 이행되고 성공적인 결과를 가져올 수 있을까요?

지금 우리에게 필요한 것은 보다 구체적이고, 또 지금 당장 공부해야 하는 상황 속에서 임팩트 있게 진행하는 것입니다. 이는 **천지개벽 프로그램**에서 제공하는 **자율인식통제 시스템을 통한 초시계 자기관리 학습**만이 강력한 효과를 발휘할 수 있을 것입니다. 반드시 자기 자신을 핸들링 할 수 있는 통제력을 가지도록 **한국스터디 트레이닝연구소**(http://blog.naver.com/realstudy)(tel.1600−3653)에서는 여러분을 지원할 것입니다.

자동차의 진짜 가치

자동차의 진짜 가치나 성능은 코너링과 고속 그리고 브레이킹에 있습니다. 그렇다면 흔히 시내 주행에서 10km/h, 30km/h의 상황에서는 이와 같은 차이가 날까요? 별로 나타나지 않습니다. 하지만 고

속도로에서는 코너링과 고속능력 그리고 브레이킹을 확실하게 보여
줍니다.

공부 또한 첫 페이지, 두 번째 페이지에서의 차이점은 별로 드러나
지 않습니다. 하지만 한두 과목이 아닌 여러 과목의 진도가 나가면서
부터는 그 차이가 점점 확실해집니다. 그것은 하루에 모두 평가하는
공식적인 시험이라는 형태를 통해서 분명해지는 것입니다.

공부하기!
소형차에 아무리 100ℓ 휘발유를 넣는다고 해도 최고속도 200km/h
가 나오는 것은 절대 아닙니다. 안전하고 편안하게 200km/h를 넘고
싶다면 소형차가 아닌 고성능차로 바꿔야 하는 것입니다.
여러분의 공부도! 성적도! 실력도! 마찬가지입니다.

② 천지개벽 실천 매뉴얼 가이드(http://blog.naver.com/realstudy)

〈천지개벽 실천 매뉴얼 가이드〉 + 〈꿈통장 Real Study 뱅크〉

천지개벽프로그램

"자율인식통제 시스템을 통한 초시계 자기관리 학습"

Version 1.0 〈초급자용〉

Version 2.0 〈중급자용〉

Version 3.0 〈고급자용〉

선행조건

반드시 이 책을 꼼꼼히 읽고 나서 실행하자.

반드시 스터디 트레이너에게 설명을 듣고 실행하자.

기본적으로 자율의지가 살아 있어야 한다.

꿈통장 **Real Study** 뱅크에서 공부 부자가 될 것임을 약속하자.

첫째, 현실적으로 그리고 냉철하게 나의 **현재 점수**와 **현재 등수**를 기입
하고 잠시만 생각하고 나서 **나의 목표점수와 목표등수**를 표시합니다.

둘째, 학교 시험 범위에 대한 예측 자체도 자기 관리 학습의 요소입니다.

대다수 학생들에게 계획표를 짜보라고 하면

"시험이 어디까지 나오는 것인지 아직 모르는데요."
"진도가 아직 나가지도 않았는데요."

라는 반론과 함께 그냥 넘어가려고 하고 그냥 공부하려고 합니다.

그러나 그렇게 해서는 조금의 변화도 이끌어 낼 수 없습니다

만약 예전에 그렇게 했었다면 이제는 달라져야 합니다. 적어도 교과서를 보면서 '아, 이 정도까지는 중간고사 혹은 기말고사에 시험범위로 나올 것 같다' 라는 예측이 필요합니다. 이 과정에서 이미 생각하는 공부가 자리를 잡는 것입니다.

물론 시험일정과 범위가 나오면 적어보고 나서 자신이 예측한 것과 비교해 봅니다.

셋째, 천지개벽 프로그램에서 핵심적인 사항 중의 하나인 **과목 나누기입니다.**

스스로가 혼자 할 수 있는 과목과 혼자할 수 없는 과목으로 나누어서 **혼자할 수 있는 과목**은 체계적으로 시험 준비에 바로 돌입하면 OK.

혼자 할 수 없는 과목은 좀 더 세부적으로 나누어 파악해서 어시스트가 필요한 경우를 적재적소에 세팅해야 합니다.

이때 전문가인 스터디 트레이너의 도움이 반드시 필요합니다.

넷째, 이미 이 책을 선택하여 **천지개벽 프로그램을 착수한 학생이라면 효자입니다.** 왜냐하면 부모님의 경제적 부담(사교육)을 확 줄여주기 때문입니다.

또한 이 항목 〈나의 장점 / 나의 단점〉에서는 부가적으로 지출하는 몇 십 만원씩 하는 심리 상담, 정신 상담 비용을 절약할 수 있기 때문입니다. 그 누구보다도 자기 자신에 대해서 잘 알고 있는 사람은 바로 '나' 이기 때문입니다.

다섯째, 학교시간표 항목에는 예체능 과목(음악, 미술, 체육)을 제외시키고 나서 월요일 시간표를 기입하고 화요일, 수요일, 목요일, 금요일의 학교시간표를 천지개벽 프로그램에 기입합니다.

그리고 국, 영, 수는 수업, 강의가 있고 없고를 떠나서 반드시 Real Study 시간을 **30분 이상** 확보해야 합니다. 이 시간들은 모두 여러분의 **꿈통장(Real Study 뱅크)**에 입금될 것입니다. 이 입금된 Real Study 시간들은 반드시 그 위대한 힘을 발휘할 것입니다. 그리고 중복되지 않게 각각 요일마다 한 과목을 대표과목 혹은 전략과목으로 선정하여

학교 진도에 따른 예습, 복습, 문제풀이까지 하며 자신만의 노트 작성을 끝으로 마무리합니다.

★ 굳이 근사하게 교과과목 계획표를 짜려고 하지 말고 그날 학교에서 배운 교과목 중 하나를 선택하여 집중공부 시간을 확보하는 것이 능률적이고 효과적이며, 가방 크기나 무게가 늘어나지 않도록 하는 효과도 있습니다.

여섯째, 학교 외에 학원, 과외, 인터넷 강의 시간표를 기입함으로써 나의 사교육 정도를 파악하고, 진짜 필요한 것인지(혼자 할 수 없는 과목에서) 진단하고, 스터디 트레이너와의 심도 깊은 멘토링을 통해 과감하게 정리하는 결단과 의지가 필요합니다.

그리고 꿈통장(Real Study 뱅크)의 Real Study 시간이 확실한 보증수표가 되어줄 것입니다.

그렇게 함으로써 진짜 공부에 돌입하게 되고, 진정한 자기주도학습이 되는 것입니다. 반드시 이 점을 명심하세요. 학원이나 과외에 끌려다니지 말고 막연한 불안감을 사교육에 의존하지 말아야 합니다.

이와 같은 생각하는 공부를 통해 스스로 공부 환경을 정리하고 본격적으로 Real Study 파트에 들어가도록 합시다.

무엇보다 **첫째는 Real Study에 최선을 다하는 것입니다.** 그리고 자신

스스로가 스터디 트레이너와 함께 Real Study가 무엇인지를 명확하게 구별하여 그 시간 확보에 전력을 다해야만 합니다.

또한 반드시 가짜 공부에 대한 시간 투자를 최소화시키거나, 가짜 공부를 Real Study로 전환시키려는 현명하고 슬기로운 자세가 자기 통제력에 의해 활활 타오르도록 해야 합니다.

그렇게 하기 위해서는 자신의 공부 내공에 따라 다르겠지만 항상 예상 공부 시간에 시간을 기입하고 나서 하루 일과를 마친 상황에서는 스터디 트레이너와 함께 결과적으로 나타난 오늘 하루의 Real Study를 대조 분석함으로써 하루의 소중함과 순간의 인내력과 추진력의 소중함을 본인 스스로 느껴야만 합니다. 그리고 그날그날 **꿈통장(Real Study 뱅크)**에 Real Study 시간을 꼬박꼬박 입금함으로써 절대적 요구시간 확보에 최선을 다해야 합니다.

둘째, 학교에서는 수업시간과 과목을 기입하고 나서 그동안 수업시간에 그냥 보내버린 시간, 멍하니 다른 생각했던 시간, 친구들과 사소한 장난으로 보낸 시간, 졸았던 시간들을 빼고 나면 **Real Study 시간**이 형편없이 나온다는 것을 파악해야 합니다.

이렇게 하여 점차적으로 수업시간에 대한 집중도가 높아질수록 선생님들의 농담 시간도 아깝다는 것을 느끼기 시작할 것이고, 그때는 이러한 시간도 어떻게 Real Study로 환원해야 할지를 파악하게 됩니다.

또한 과목에 대한 노트나 요약정리를 할 때는 그 전에는 그냥 단순히 쓰는 행위에서 Real Study인 마인드 맵이 되도록 이끌고, 어느 것이 중요하여 시험에 나올 것이라고 생각하는 순간부터는 모든 상황이 달라지게 됩니다. 즉 이제부터 하루가 어떻게 보내야 할지 생각할 줄 아는 사람이 되는 것입니다.

세 번째, **자투리 시간**이야말로 Real Study에 돌입하게 되고, 공부의 재미를 느끼게 하는 청정구역입니다.

하루 생활 중 손바닥에서 빠져나가는 시간은 너무나 많습니다. 등하교시간, 청소시간, 기다리는 시간, 문자 오길 기대하고 있는 시간, 점심 식사 후의 여유로운 시간, 공부하라고 주어지는 자습시간들이 Real Study와 연결될 때의 상승곡선은 상상을 초월합니다.

예를 들어 화장실에서의 시간은 한 과를 정리하기에 너무나 훌륭한 시간이며, 외우기 힘든 파트를 확실하게 머릿속에 넣고 오는 소중한 시간이기도 합니다.

자투리 시간을 활용하는 것이야말로 **자율 의지**와 **자기 통제력**이 활발하게 상호작용하여 본능에 따르려는 자신을 확실하게 제어, 통제해 주는 기준과 지표가 됩니다.

넷째, 학원, 과외, 인터넷 강의 시간에 대한 냉철하고 중립적 판단을 해야 하는 순간이 다가옵니다.

예를 들어 5시에 학원에 가서 10시에 집에 돌아오는데 막상 **Real Study** 시간을 체크하고 살펴보면 웃음 밖에 나오지 않는 경우가 90% 이상입니다.

이를 부모님이 알게 되면 무언가 기대하고 학원에 보냈는데 이처럼 터무니없는 결과가 나오면 경제적, 시간적 투자에 대한 회의가 물밀듯이 밀려 올 것입니다.

왜냐하면 지금까지 이러한 **체크**가 없었기 때문에 막연히 "잘 하고 오겠지.", "열심히 했겠지."라는 **기대** 밖에 없었으니까요. 결국 학교 성적을 보면 기대라는 단어보다는 **실망**이라는 단어를 먼저 떠오르게 하는 현실을 보게 되는 것입니다.

이와 함께 인터넷 강의라는 것 또한 양방향 학습이 아니라 일방적

학습이기 때문에 그 효과나 기대는 생각 이하일 수도 있습니다.

알고 있는 것과 모르고 있는 것을 나누어서 지도하는 것이 아닌 구조로 이루어져 있고, 알아도 또 들어야 하고 몰라도 넘어갈 수밖에 없는 바람직하지 못한 경우가 빈번히 등장하기 때문입니다.

다섯째, 모든 수업이 끝나고 나서 정말로 혼자 예습 혹은 복습을 해야 하는 단계가 다가올 것입니다. 이는 정말 순수한 Real Study 시간을 확보할 수 있는 타이밍입니다. 그런데 지쳐 있거나 탄력이 떨어져 있다면 이 시간은 최저능률시간이 되고 맙니다.

그렇다면 무슨 변화가 일어날까요? 무슨 결과가 발생할까요?

꿈통장(Real Study 뱅크)에 Real Study 시간을 입금할 수 있을까요?

이렇게 되면 당연히 제자리에서만 맴돌고, 오히려 뒤로 쳐져버릴 수도 있습니다. 나만 공부하는 것이 아니라 항상 경쟁자들이 앞으로 치고 나오므로 그 뒷자리를 내가 차지하게 되는 불명예를 안게 되는 것입니다.

따라서 Real Study로 승화시키기 위해서는 자신의 공부 속도를 파악한 상태에서 승부하려는 책과 노트 그리고 문제집이 상호 조화롭게 어우러져 **머릿속에서 마음껏 사유**할 수 있도록 해야 합니다.

자신의 장점과 단점을 파악하고 바꾸려는 노력과 그 결과에 대한 평가

ex) 어떤 날은 Real Study 시간이 10시간을 넘는 날이 있고
    어떤 날은 Real Study 시간이 고작 4시간, 5시간 일 때도 있다.

이는 인간이기 때문에 나타나는 현상이고, 공부 잘하는 체질로 가는 단계의 과도기라는 사실을 분명히 깨우쳐야 합니다.

⇒ 이때는 쉽게 포기하는 공부 못하는 체질로 다시 돌아가려는 본능을 원초적으로 차단해야 합니다.

서울에서 알래스카까지는 비행항로가 정해져 있습니다. 그런데 비행기 조종사들 중 과연 몇 %가 이 항로대로 비행기가 운항할까요? 신기하게도 고작 1%만이 항로대로 비행기를 운항한다고 합니다. 나머지 99%는 이 항로 근처에서 움직이면서 대기 상황, 비행기체 상황에 따라 변경하여 가는 것입니다. 하지만 알래스카라는 최종목적지가 있으니 그곳을 향해 비행하는 것입니다.

그렇습니다. 우리도 마찬가지입니다. 하루하루 완벽하게 Real Study 시간을 확보하지 못한다고 하더라도 궁극적으로는 체질 변화를 가져오게 하여 공부 잘 하는 습관이 몸에 배게 하고, 자기 자신을 마음대로 핸들링하고 통제할 수 있는 경지에 이르게 하면 되는 것입니다.

03. '꿈통장' 에 Real Study 시간 입금하기

초등학생부터 고3 학생에 이르기까지 우리 학생들은 과목별 수업에 전력을 다합니다.

"이 학원에서 수학을 잘 가르친다고 하니 여기 보내 보자."
"이 과외 선생님이 영어를 잘 지도한다고 하니 이번에는 성적이 잘 나오겠지."

이처럼 경제적, 시간적 투자를 하고 있음에도 항상 목이 마릅니다.
항상 결과가 신통치 않습니다.

그 이유는 무엇일까요? 그리고 해결방법은 무엇일까요?

자! 여러분의 꿈이 프로 씨름 선수라고 가정합시다.
강호동과 같은 천하장사가 되어 예능계로 진출해보고 싶다는 꿈을 가진다면 제일 먼저 무엇부터 해야 할까요? 들배지기 기술을 배워야 하는 것일까요?

아닙니다.

이러한 기술을 배우기 전에 먼저 기초 체력과 기본 과정을 몸에 익혀야 합니다.

그래야만 이를 바탕으로 기술이 효과를 나타내어 천하장사라는 꿈을 이룰 수 있는 것입니다. 이는 물론 여러분의 소중한 시간과 정성을 함께 쏟아야 가능합니다.

그렇다면 여러분은 영어, 수학 학원 혹은 과외를 다니기 이전에 과연 공부에 관한 기본적인 공부 습관이 몸에 배어 있는지요? 과연 학원에 가기 이전에 그 과목에 대해 내가 혼자 할 수 있는 부분과 혼자 할 수 없는 부분으로 나누어서 공부 계획을 세워보셨나요?

또 그 과목에서 내가 혼자 할 수 있는 부분을 내 것으로 만드는데 어느 정도의 시간이 소요되는지 체크해 보셨나요? 그리고 실제로 책상에서 **Real Study**를 하고 있나요?

내가 혼자 할 수 있는 부분조차 진짜 공부를 하지도 않는 상황에서 제아무리 유명한 학원에 다니고 과외를 받는다고 해서 그것이 **Real Study**일까요?

여러분에게 지금 당장 필요한 것은 자율 의지에 따라 '하느냐 / 마느냐 선택을 해야만 하는 상황에서 **자기 통제력**을 발휘하여 판단하고 실천하는 것입니다.

그리고 그 실천 내용, 즉 Real Study 시간을 체크하는 것입니다.

이 체크된 Real Study 시간이 쌓여갈 때, 비로소 실력이 향상되고 좋은 성적이라는 만족할만한 결과를 느낄 수 있는 것입니다.

그 만족한 결과는 궁극적으로 여러분의 꿈을 이룰 수 있는 재산입니다.

꿈통장 Real Study 뱅크에 입금된 Real Study 시간만이 여러분의 꿈을 현실로 만들어 줄 것입니다.

꿈통장(http://blog.naver.com/realstudy)(tel.1600−3653)

Real Study 뱅크 → Dreams come true.

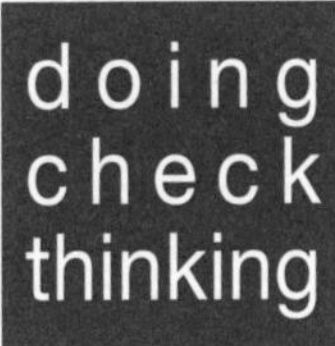

변화의 진면목은
변화를 가져올 수 있는 →
진짜 방법은

자신의 자율 의지와
자율 통제를 통해 가치 있는 것에
대한 판단과 실천을 이루는 것!

이때 가장 중요한 요소는 시간 관리와 시간 체크 입니다.

멋진 연간 계획, 화려한 월간 계획, 세밀한 주간 계획이 아니라

지금 당장 시간 속에서 행동하는 것입니다.

“ 측정하지 않으면 개선할 수 없다 ”

그리고 행동한 것을 체크해야만 합니다.

이 체크된 시간이 **Real Study**로 쌓여질 때 꿈통장은 부자가 될 것이

고, 꿈통장의 꿈은 현실로 다가오는 것입니다.

꿈통장 관리와 체계적 투자는 한국스터디트레이닝연구소 부설 Real Study 뱅크에서 담당할 것입니다. Real Study 뱅크의 스터디 트레이너가 여러분의 꿈을 현실로 이끌어 줄 것입니다.

그러나 여기 입금되어 있는 Real Study 시간은 '망각' 이라는 소멸성 바이러스와 '의심' 과 '나태' 라는 공격성 바이러스에 의해 위협을 받고 있으니 반드시 스터디 트레이너의 마스터 플랜에 따르기 바랍니다.

이 소중한 Real Study 시간을 보호해주세요.

★ 지금 하고 있는 Real Study **시간**은 여러분의 **꿈통장**에 입금되어서 무슨 일을 할 때(월말고사, 기말고사, 수능시험 볼 때) 마다 가장 필요한 자산이 될 것입니다.

인간은 사회생활 속에서 존재하기 때문에 자기를 중심으로 가정, 그리고 여러 소속 집단의 일원의 역할을 하게 됩니다. 여러분은 학생일 때 소속된 그룹에서부터 시작해 사회에 진출하면 할수록 더 많은 그룹의 한 일원으로서 역할을 하게 됩니다.

이때 그룹이라는 정해져 있는 구성원들과 상호연관관계를 맺습니다. 또 그룹에는 리더라고 호칭하면서 존경하고 따르는 역할 모델이 있습니다. 이러한 리더들에게는 그룹을 뛰어 넘어 큰 그릇이어야 하는 필요충분조건이 있습니다.

대통령부터 거지까지 아우를 수 있는 대장부가 되어 달라는 것은 이런 뜻입니다. '나보다 아래 그룹을 만날 때는 따뜻한 마음이 있어야 하고, 나보다 높은 그룹을 만날 때는 진정한 실력을 갖추어야 한다.'
따뜻한 마음과 진정한 실력을 갖춘 사람이라면 세상 어디에서도 손색이 없을 뿐만 아니라 사회에서 가치 있는 존재로 살아갈 것이며, 더 나아가 자신의 가치 있는 삶이 사회의 발전에 밑거름이 될 것입니다.

Real Study를 위한 15가지 Tip

흔히들 공부할 때, 책을 볼 때는 아는데 시험에서 틀렸다고 투덜거립니다.

'열심히 공부했는데 왜 또 틀리지? 난 역시 안 되나봐.'

연습과 실전은 다릅니다.

예를 들어 어렸을 때 우리는 여러 목적으로 태권도를 배웁니다. 그리고 3단, 4단까지 단수를 땁니다. 이러한 유단자들이 과연 실제 싸움에서 태권도장에서 배운 기술을 사용할 수 있을까요? 배운 품새대로 상대방이 움직여주고 이에 맞는 공격을 할 수 있을까요? 제 아무리 검은 띠를 10개 두르고 있어도 실제 싸움하고는 다르기 때문에 태권도가 이기리라고는 확신을 할 수 없습니다. 더욱이 상대방은 도장에서 배운 대로 공격해오는 것이 아니기 때문에 자신도 모르게 당황하게 되고, 지는 경우도 발생합니다. 알고 있는데 틀렸다는 것과 마찬가지이죠.

시험문제를 출제하는 위원들은 그 과목의 전공자 일뿐만 아니라 그 과목을 꿰뚫고 있는 고수이므로 결코 만만한 상대가 아닙니다. 그러므로 책에서 중요한 부분을 그대로 출제하는 것이 아니라 매우 세련되게 만들어서 출제하기 때문에 알면서도 틀리는 일이 발생하는 것입니다.

즉 공부를 하는데 반드시 Real Study가 되어야 합니다. 이러한 Real Study를 시험과 연관 지어 좋은 결과가 나오도록 해야만 노력한 만큼의 값어치가 있는 것입니다. 그리고 시너지효과가 발생하여 상상 이상의 결과가 생깁니다.

 **시험 준비와 진짜 시험장 이야기**

우리나라에서 각 운동별 최고 선수들이 모여 올림픽과 세계선수권 대회를 준비하는 곳이 바로 태릉선수촌입니다. 태릉선수촌 감독의 말에 의하면, 선수촌에서 훈련하는 선수들(국가대표)이 연습 시합을 하거나 모의 테스트를 하면 세계신기록이 갱신될 정도의 기록이 나온다고 합니다.

그러나, 실제 올림픽에서는 그런 기록이 나오지 않습니다. 왜 그럴까요?

여러분도 잘 알고 있듯이 실제 올림픽에서는 경쟁 선수도 다르고, 경기장도 다릅니다. 또 나라도 다른 곳에서(외국) 할 뿐만 아니라 수많은 관중 속에서 경기가 진행됩니다.

공부도 마찬가지입니다.

모의고사를 편안한 상태에서 긴장감 없이, 그것도 과목별로 하루는 영어만 풀고 하루는 수학만 푼다면 (실제 시험일에는 모든 과목을 하루에 봅니다) 그 결과는 보통 이상으로 나올 것입니다.

낯선 장소, 처음 보는 학생들과 날카로운 감독관 하에 모든 과목을 정해진 시간 내에 치러야 하는 시험 환경은 결코 점수에 플러스요인이 될 수 없습니다.

 **시험시간 안에 푼다는 것**

시간의 무서움.

알고 있어도 시험시간 내에 다 풀 수 없다면 결론적으로 틀린 문제가 되는 것입니다. 채점하면서 이 학생은 알고 있는데 시간이 없어서 틀렸으니 $+\alpha$를 주고, 저 학생은 몰라서 틀렸으니 $-\alpha$를 주는 그런 평가를 합니까? 아닙니다!

주어진 시간 내에 해결하는 능력을 키우는 것 또한 **Real Study**의 중요한 요소입니다. 그래서 초시계를 통한 공부 속도 측정은 물론, 문제 풀이를 할 때 항상 초시계로 측정하는 것이 필수입니다.

 **tip 4** **프로와 아마추어 / 골프이야기**

■ 프로와 아마추어의 차이점

ex) 팔굽혀펴기를 할 때 다섯 개 하고 쉬었다고 다섯 개 하고, 또 쉬었다가 다섯 개 하고 이런 식으로 하면 30개든 40개든 얼마든지 할 수 있습니다. 하지만 한꺼번에 30개를 쉬지 않고 계속하기는 힘든 일입니다.

이처럼 연속적으로 계속 할 수 있는 것은 프로이고, 띄엄띄엄 쉬면서 하는 것은 아마추어인 것입니다.

■ 프로와 아마추어의 차이점

ex) 실제 골프에서 프로는 10개 샷을 하면 거의 10개가 같은 거리로 나가지만 아마추어는 10개 샷을 하면 제각기 다른 거리로 날아갑니다.

■ 프로와 아마추어의 차이점

ex) 어느 날 두 사람이 필드에서 게임이 끝나고 대화를 나눕니다.

Ⓐ : 이번 게임에서 이기려고 매일 두 시간씩 골프 연습장에 나가서 연습했는데, 오늘 게임에서 지고 말았네. 골프는 나에게 영 안 맞는가봐.

Ⓑ : 요즘 바빠서 골프 연습장에도 못가고 오늘 게임했는데, 이겨서 기분 좋다.

A, B 두 사람의 공통점은 아마추어입니다. LPGA게임에서 1등하는 박세리와 같은 프로에게는 위와 같은 이야기를 찾아볼 수 없겠지요. 왜냐하면 프로이기 때문입니다.

tip 5 시간관리

사업 성공의 가장 큰 비결은 자금관리라고 합니다. 우리 학생들에게 성적 향상의 가장 큰 비결은 **시간관리**입니다. 그리고 시간 관리에서 가장 큰 핵심은 바로 **공부방법**, 그리고 **Real Study**입니다.

사업을 진행하다가 잘못되었다면 반드시 그 원인 분석을 해야지만 다시는 실패하지 않습니다.

마찬가지로 공부도 성과가 나지 않고 성적이 향상되지 못했다면 반드시 그 원인분석을 해야지만 실패하지 않는 것입니다.

tip 6 모의고사 하루 1회씩 풀기

■ 시험시간에 맞추어서 하루 1회 분량의 모의고사 풀어보기!

이 방법에는 반드시 선행조건이 있습니다. 고등학생의 경우는 과목

별 점수 87점대 이상(총 점수 435점 이상)에게만 효과적인 공부방법이
지, 누구에게나 효율적인 학습방법이 아닙니다.

그 점수가 나오지 않는 경우에는 기본실력을 높이는 것이 우선 과제
입니다!

tip 7 기억

■ 학습심리학에서 연구한 인간의 머리가 기억을 잘하는 것들

- 학습 단계 중 제일 처음으로 받아들이는 것(초기 효과).
- 학습 단계 중 제일 마지막에 받아들이는 것(최근 효과).
- 이미 알고 있거나 현재 학습하고 있는 것이 다른 면들과
  연결되어 있는 것.
- 눈에 띄거나 독특한 방법으로 강조된 것.
- 오감 중 하나에 특히 강하게 호소하는 것.
- 특별히 흥미와 관심을 갖고 공부한 것.
- 한꺼번에 한 과목을 많이 공부하는 것보다 매일 조금씩
  자주 공부하는 것.
- 문제를 풀 때 찍은 것보다는 고민하다 틀린 것.

- 두뇌가 적당히 긴장하고 흥분한 상태에서 공부한 것.

- 즐거운 기분으로 공부한 것.

- 잠을 안자고 밤새 공부하는 것보다는 공부하고 나서 수면을
  취한 경우.

- 여러 번 반복해서 공부한 것.

tip 8 기출문제의 소중함

실제로 공부해보면 알겠지만 시험에서는 일정 주기마다 같은 문제
가 출제되는 경향을 살펴볼 수 있습니다. 전혀 똑같지는 않더라도 묻
고자 하는 본질은 변하지 않는 것입니다. 바로 이 과목에서 반드시 학
생이 알아야 하는 본질은 **'묻고자 하는 것'** 입니다. 여기에 출제자의 세
련된 센스가 더하여져 정확하게 공부하지 않는 학생에게는 새로운 문
제처럼 느껴지게 되는 것입니다.

tip 9 Real Study 시작 시기?

우리 아이의 **Real Study** 시기는?
의학 보고서에 의하면 만 6세 이후부터 뇌의 양이 증가하면서 장기

기억 시스템이 발달하기 시작하고, 만 10세가 되면 성인과 비슷해지는 시기라고 합니다.

즉, **만 10세(초3)**부터 충분한 **Real Study**를 시작할 수 있는 시기이 므로 반드시 꼭 체질화를 시켜주세요!

피곤해

■ 어느 정도 오랜 시간에 걸쳐 할 필요가 있다.

인지과학과 생물학적 측면에서 보면, 아이들은 '아, 피곤해' 라고 말 을 하고 나서도 2배에서 3배까지 무언가를 해낼 수 있다는 연구보고가 있습니다. 무엇인가를   5번 하고나서 '피곤해' 라고 말했다면 실제로 는 10번에서 15번을 더할 수 있다는 또 다른 표현입니다.

더욱이 별로 피곤하지 않으면서도 '피곤해', '힘들어' 라는 말을 자 주하는 학생은 몸이 겪지 않은 미지의 상태를 두려워하기 때문입니다. 자기가 어디까지 할 수 있을지를 모르기 때문에 불안하고 초조해서 나 타내는 표현입니다. 이럴 땐 반드시 누군가가 도와줘야 합니다.

tip 11 고등학생들의 딜레마

■ 내신 대비와 수능 대비의 공통점

모든 시험에는 출제범위와 **출제형식(유형), 출제자**가 반드시 존재합니다. 그리고 이것들이 어떠하냐에 따라 시험문제의 향방이 달라집니다. 이 세 가지 요소를 정확하게 파악하는 것만으로도 이미 시험을 잘 볼 준비가 되어 있다고 할 수 있습니다.

내신 대비

시험을 보기 전 작년 기출문제를 구해서 풀어보는 것이 중요합니다. 대부분 선생님들은 이전 해에 가르치던 학년과 과목을 그대로 유지하는 경우가 많아 기출문제를 통해 그 선생님의 시험출제 방식과 유형을 익힐 수 있기 때문입니다. 설사 과목 담당 선생님이 바뀌더라도 선생님이 가르치는 범위 내에서 강조하는 부분은 대개 일치하기 마련이므로 시험 범위 안에서 어떠한 것이 중요하게 다루어지고 있는지를 파악할 수 있습니다.

수능 대비

기출문제서는 수능에서도 여전히 중요합니다. 수능은 교육부에서 지정한 일정한 가이드라인 안에서 출제됩니다. 지난 수년간 출제되었던 수능 기출문제를 풀어보며, 자신의 문제풀이 스타일을 수능 출제 가이드라인에 최대한 가깝게 맞추어 갈 수 있도록 해야 합니다. 누구나 노력에 의해 수능적 사고를 발전시킬 수 있습니다. 수능적 사고를 발전시키는 가장 빠른 길은 수능 기출문제를 풀어보는 일임을 잊지 마시길 바랍니다.

■ 내신 대비와 수능 대비의 차이점

내신과 수능, 두 가지 공부를 효과적으로 하는 방법은 무엇일까요? 여기서 먼저 생각해야 할 것은 내신과 수능의 차이점을 파악하는 것입니다.

출제자가 다르다.

내신은 각 학교의 담당 과목 선생님께서 시험문제를 출제합니다. 그렇기 때문에 선생님의 스타일을 미리 파악해두면 내신 대비를 효과적으로 할 수 있습니다.

반면에 수능은 대규모의 출제위원들이 한 달 이상의 합숙기간을 거쳐 답의 근거를 최대한 객관적으로 만들기 위해 노력하므로 수능에서는 논리력을 바탕으로 최대한 객관적으로 답을 고를 수 있는 능력이 요구됩니다.

출제 범위가 다르다.

내신은 대개 학교 선생님께서 출제하겠다고 공식적으로 명시한 부분에서만 출제가 되므로 시험 범위를 최대한 여러 번, 정확히 보는 것이 중요합니다.

반면에 수능을 대비하는 데는 어느 부분을 꼭 봐야한다고 정해진 것은 없습니다. 거의 범교과적으로 출제되기 때문에 시험 공부를 하는 능률성과 효과성이 필요합니다.

tip 12 상념의 눈덩어리 효과

사람은 어떤 한 가지 상념에 사로잡히면 그것과 관련된 잡다하고 불필요한 생각들을 합니다. 이것저것들은 엉켜서 결국 눈덩어리처럼 거대해져 버립니다. 그 결과 원래의 출발점이 어디였는지도 모를 상태가 되어버리는데, 바로 이것이 '상념의 눈덩어리 효과' 입니다.

실제로 1분 동안 멍 때린 상념들이 1시간 혹은 하루 종일 얽매여서 사고 자체가 정지되어 버립니다. 만약 여기에 중간고사나 기말고사까지 연관되어 버리면, '슬럼프' 라는 거창한 이름으로 포장을 해버리게 되는 것이 일반적입니다.

 오답노트

■ 오답노트(서브노트)의 잘못된 활용법

오답 노트(서브 노트)를 그날그날 활용해서 매일 공부한다면, 오답 노트(서브 노트)는 학생을 **Real Study**로 이끌어 줄 수 있는 좋은 공부 도구가 될 것입니다. 덧붙여서, 85점 이상 획득한 학생들이 시험을 보고 나서 채점 확인 후 틀린 문제를 다시 정리하거나 다시는 실수하지 않도록 혹은 모르는 내용을 다시 공부할 수 있도록 관련된 문제들을 오답노트에 오려 붙이는 것은 정말 괜찮은 **공부 방법**입니다!

단, 그 이하점수(85점 이상)의 학생들은 오답노트를 만들려고 복사집에 가서 복사하고 오려붙이는 데 시간을 보내는 것보다는 한 문제라도 더 정확하게 공부하는 것이 이득이 될 수 있는 공부 방법입니다.

특히 고3 교실에서 단체로 모두 오답 노트를 작성하는 모습은 참으로 한심스러운 광경입니다. 상위권 학생들은 30분 이내에 모두 정리하여 끝내고 자기 공부를 하고 있는 반면, 하위권 학생들은 집에 갈 때까지 다 못해서 끙끙대고 있습니다. 이는 분명 비능률적이고 비효과적입니다.

tip 14 문제풀이의 허점

■ 문제풀이 학습법의 허점

수학점수가 75점인 학생이 기본 원리 및 개념공부를 하지 않는 채 모의고사 문제집을 10회, 20회 풀면, 그 결과 점수는 75점임을 확인하는 행위밖에 되지 않습니다. 그 학생은 결코 90점을 넘을 수 없습니다!

tip 15 1점의 소중함

1점이라는 것을 무시하지 마십시오.

89점과 90점은 분명히 차이가 있고, 99점과 100점 또한 분명한 차이가 있습니다.

그것도 1점이라는 큰 차이가 ….

대학입시의 합격과 불합격의 갈림길에서 1점은 그 학생의 인생을 바꾸어 놓을 수 있는 엄청난 점수입니다. 무관심하게 넘겨버렸던 1점은 대학생이냐 재수생이냐를 판가름 하는 엄청난 힘을 가지고 있습니다. 그러므로 공부에서의 1점을 꼭 기억 하십시오.

부록 _ Real Study 노트

년   월   일   요일

예상공부시간 → 결 과

① 수업시간(과목 :   )   분   →   Real Study :   분
개념원리 + 시험문제 중요사항 정리   분   초

② 수업시간(과목 :   )   분   →   Real Study :   분
개념원리 + 시험문제 중요사항 정리   분   초

③ 수업시간(과목 :   )   분   →   Real Study :   분
개념원리 + 시험문제 중요사항 정리   분   초

④ 수업시간(과목 :   )   분   →   Real Study :   분
개념원리 + 시험문제 중요사항 정리   분   초

⑤ 수업시간(과목 :   )   분   →   Real Study :   분
개념원리 + 시험문제 중요사항 정리   분   초

짜투리 시간 Real Study(점심 시간 / 등하교 시간 / 청소 시간 / 기다리는 시간)

과목 :   →   내것으로 만든 시간 :   분   초
과목 :   →   내것으로 만든 시간 :   분   초
과목 :   →   내것으로 만든 시간 :   분   초
과목 :   →   내것으로 만든 시간 :   분   초

년   월   일   요일

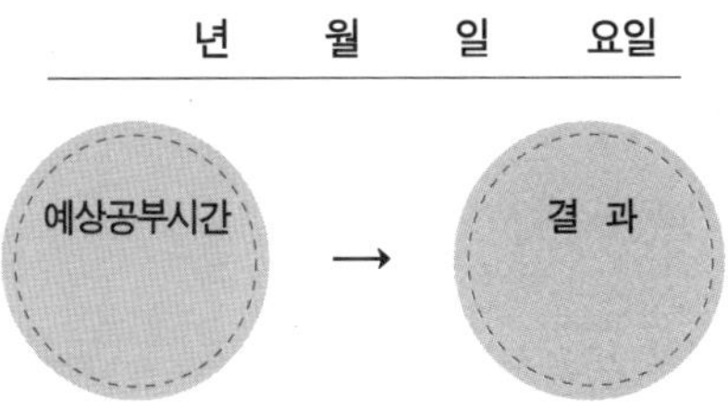

① 수업시간(과목:)   분 → Real Study :   분
개념원리 + 시험문제 중요사항 정리   분   초

② 수업시간(과목:)   분 → Real Study :   분
개념원리 + 시험문제 중요사항 정리   분   초

③ 수업시간(과목:)   분 → Real Study :   분
개념원리 + 시험문제 중요사항 정리   분   초

④ 수업시간(과목:)   분 → Real Study :   분
개념원리 + 시험문제 중요사항 정리   분   초

⑤ 수업시간(과목:)   분 → Real Study :   분
개념원리 + 시험문제 중요사항 정리   분   초

짜투리 시간 Real Study(점심 시간 / 등하교 시간 / 청소 시간 / 기다리는 시간)

과목: → 내것으로 만든 시간 :   분   초
과목: → 내것으로 만든 시간 :   분   초
과목: → 내것으로 만든 시간 :   분   초
과목: → 내것으로 만든 시간 :   분   초

년   월   일   요일

예상공부시간 → 결 과

① 수업시간(과목:)   분 → Real Study :   분
  개념원리 + 시험문제 중요사항 정리   분   초

② 수업시간(과목:)   분 → Real Study :   분
  개념원리 + 시험문제 중요사항 정리   분   초

③ 수업시간(과목:)   분 → Real Study :   분
  개념원리 + 시험문제 중요사항 정리   분   초

④ 수업시간(과목:)   분 → Real Study :   분
  개념원리 + 시험문제 중요사항 정리   분   초

⑤ 수업시간(과목:)   분 → Real Study :   분
  개념원리 + 시험문제 중요사항 정리   분   초

짜투리 시간 Real Study(점심 시간 / 등하교 시간 / 청소 시간 / 기다리는 시간)

과목 :	→	내것으로 만든 시간 :	분	초
과목 :	→	내것으로 만든 시간 :	분	초
과목 :	→	내것으로 만든 시간 :	분	초
과목 :	→	내것으로 만든 시간 :	분	초

년   월   일   요일

예상공부시간 → 결 과

① 수업시간(과목 :   )   분 → Real Study :   분
개념원리 + 시험문제 중요사항 정리   분   초

② 수업시간(과목 :   )   분 → Real Study :   분
개념원리 + 시험문제 중요사항 정리   분   초

③ 수업시간(과목 :   )   분 → Real Study :   분
개념원리 + 시험문제 중요사항 정리   분   초

④ 수업시간(과목 :   )   분 → Real Study :   분
개념원리 + 시험문제 중요사항 정리   분   초

⑤ 수업시간(과목 :   )   분 → Real Study :   분
개념원리 + 시험문제 중요사항 정리   분   초

짜투리 시간 Real Study(점심 시간 / 등하교 시간 / 청소 시간 / 기다리는 시간)

과목 :	→	내것으로 만든 시간 :	분	초
과목 :	→	내것으로 만든 시간 :	분	초
과목 :	→	내것으로 만든 시간 :	분	초
과목 :	→	내것으로 만든 시간 :	분	초

하루에 공부 가능한 최대 시간 확보

년   월   일   요일

예상공부시간 → 결 과

① 수업시간(과목:)   분 → Real Study :   분
개념원리 + 시험문제 중요사항 정리   분   초

② 수업시간(과목:)   분 → Real Study :   분
개념원리 + 시험문제 중요사항 정리   분   초

③ 수업시간(과목:)   분 → Real Study :   분
개념원리 + 시험문제 중요사항 정리   분   초

④ 수업시간(과목:)   분 → Real Study :   분
개념원리 + 시험문제 중요사항 정리   분   초

⑤ 수업시간(과목:)   분 → Real Study :   분
개념원리 + 시험문제 중요사항 정리   분   초

짜투리 시간 Real Study(점심 시간 / 등하교 시간 / 청소 시간 / 기다리는 시간)

과목 :   → 내것으로 만든 시간 :   분   초
과목 :   → 내것으로 만든 시간 :   분   초
과목 :   → 내것으로 만든 시간 :   분   초
과목 :   → 내것으로 만든 시간 :   분   초

년   월   일   요일

예상공부시간 → 결 과

① 수업시간(과목:)   분 → Real Study :   분
   개념원리 + 시험문제 중요사항 정리   분   초

② 수업시간(과목:)   분 → Real Study :   분
   개념원리 + 시험문제 중요사항 정리   분   초

③ 수업시간(과목:)   분 → Real Study :   분
   개념원리 + 시험문제 중요사항 정리   분   초

④ 수업시간(과목:)   분 → Real Study :   분
   개념원리 + 시험문제 중요사항 정리   분   초

⑤ 수업시간(과목:)   분 → Real Study :   분
   개념원리 + 시험문제 중요사항 정리   분   초

짜투리 시간 Real Study(점심 시간 / 등하교 시간 / 청소 시간 / 기다리는 시간)

과목 :		내것으로 만든 시간 :	분	초
과목 :	→	내것으로 만든 시간 :	분	초
과목 :	→	내것으로 만든 시간 :	분	초
과목 :	→	내것으로 만든 시간 :	분	초
과목 :	→	내것으로 만든 시간 :	분	초

내 인생에서 후회되는 일

〈 남자 〉

순위	10대	20대	30대	40대	50대	60대	70대
1	공부 좀 할걸	공부 좀 할걸	공부 좀 할걸	공부 좀 할걸	공부 좀 할걸	공부 좀 할걸	공부 좀 할걸
2	엄마한테 대들지 말걸	엄마 말좀 들을걸	돈 모아 집 사둘걸	술 어지간히 먹을걸	겁 없이 돈 날린 것	술 줄이고 건강 챙길 걸	노후자금 모아둘걸
3	친구랑 다투지 말걸	그 여자 잡을걸	그 회사 그냥 다닐 걸	땅 좀 사둘걸	아내한테 못할짓 한 것	아내한테 못할짓 한 것	배우고 싶었는데
4	게임 끊을걸	돈 좀 아껴 쓸걸	그 여자 잡을걸	그 여자 잡을걸	인생 대충 산 것	배우고 싶었는데	애들 공부 더 시킬 걸
5	욕 배우지 말걸	사고 치지 말걸	아랫사람에게 잘 해줄 걸	욕 배우지 말걸	부모님께 효도할 걸	노는 것을 배워둘 걸	술 줄이고 건강 챙길 걸

〈 여자 〉

순위	10대	20대	30대	40대	50대	60대	70대
1	공부 좀 할걸	공부 좀 할걸	공부 좀 할걸	공부 좀 할걸	공부 좀 할걸	공부 좀 할걸	공부 좀 할걸
2	엄마한테 거짓말 한 걸	엄마 말좀 잘 들을걸	이 남자랑 결혼 한 것	애들 교육 신경 더 쓸걸	결혼 잘못한 것	배우고 싶었는데	먼저 간 남편한테 잘해줄 걸
3	친구랑 다투지 말걸	친구랑 다투지 말걸	전공 선택 잘못한 것	내 인생 즐겨볼 걸	공부 좀 할 걸	돈을 모아놓을걸	돈 좀 모아놓을걸
4	학교 잘못 고른 것	더 화끈하게 놀걸	결혼 후 직장 그만둔 것	결혼 잘못한 것	남편 바가지 긁은것	이 집안에 시집온 것	부모님께 잘할 걸
5	좋은 친구 사귈 걸	사표 낸 것	부모님께 효도할걸	부모님께 효도할걸	돈 좀 잘 굴릴 걸	부모님께 잘할 걸	평생 고생한 것